바로 10타를 줄이는 비법 공개!

프로골퍼도 몰래 보는 골프책

오츠키 요시히코 저 | 이용택 역

COLOR ZUKAI DE WAKARU KAGAKUTEKI GOLF NO GOKUI
Copyright © 2009 YOSHIHIKO OTSUKI
All rights reserved.
Original Japanese edition published by SB Creative Corp.
Korean translation rights © 2010 by ArgoNine Media Group
Korean translation rights arranged with SB Creative Corp., Tokyo
through EntersKorea Co., Ltd. Seoul, Korea

이 책의 한국어판 저작권은 (주)엔터스코리아를 통해 저작권자와 독점 계약한 아르고나인 미디어그룹에 있습니다.
저작권법에 의하여 한국 내에서 보호를 받는 저작물이므로 무단전재와 무단복제를 금합니다.

머리말

　필자는 예순한 살이 되기 전까지만 해도 스포츠를 무척 싫어했다. 스포츠에 열중하는 사람을 보면 약간 바보 같다고 여기며 반감을 느끼기까지 했으니 말이다. 그때까지 프로야구 팀은 '요미우리 자이언츠'밖에 몰랐고, 프로축구 팀은 이름조차 들어보지 못했다. 봄과 가을에 열리는 '소케이^{早慶}전(와세다^{早稻田} 대학교와 게이오^{慶応} 대학교의 정기 스포츠 대항전. 한국의 연고전에 해당함-역주)'도 냉소적인 눈빛으로 바라보았다. 소케이전이 있는 날이면 와세다 대학교의 모든 교수가 자체적으로 휴강을 했지만, 필자는 당당하게 강의를 강행하여 전 와세다 대학교의 빈축을 샀다. 애들 장난 때문에 소중한 강의를 빼먹다니, 말도 안 되는 일이었다.

　스포츠는 머리를 쓰지 않고 몸으로만 때우는 행위이기 때문에, 지적인 사람이 할 만한 것은 아니라고 굳게 믿었다. 당시의 대학교 운동부가 공부를 게을리 하고 노는 데에만 열중하는 모습을 보고, 불만과 불신을 품기도 했을 것이다.

　하지만 생각이 바뀌게 된 계기가 뒤늦게 찾아왔다. 예순한 살 때였다. 그 무렵부터 '사람은 머리와 몸을 함께 써야지, 머리만 써서는 살 수 없다'고 생각을 고쳐먹기 시작했다.

　지금 와서 돌이켜보면 당시의 필자는 건강 상태가 심각한 수준이었다. 그래서 그 당시 주변 사람들은 필자에게 '골프'를 강력하게 추

천했다. 하지만 필자는 관절을 조금 굽히는 것조차 평생 거부해왔던 터라 갑자기 몸이 제대로 움직일 리가 없었다. 골프 연습을 한 지 2개월이 지났을 무렵, 가슴에 이상한 통증을 느껴 눕지도 일어나지도 못하는 지경에 이르렀다. 갈비뼈 골절이었다. 몸 상태가 이처럼 안 좋았기 때문에 아무리 힘껏 쳐보려 해도 볼은 떼굴떼굴 구르기만 했다. 젊었을 때부터 골프를 쳐온 친구와 후배들은 그런 필자의 모습에 배를 잡고 웃었다. 앞쪽으로 날아가야 할 볼이 뒤로 날아가는 바람에 캐디들이 깜짝 놀라 비명을 지르기도 했다. 중년 여성 캐디들이 큰 소리로 웃으며 이렇게 소리 질렀다.

"어, 저 사람 오츠키 교수님 맞아? 말도 안 돼~!"

그 말을 듣자 묘한 오기가 생겼다.

'까짓것, 두고 보라고.'

그날 이후 갈비뼈가 부러져도, 손목이 삐어도, 발꿈치가 부어올라도 매일 골프를 쳤다. 그러자 본업인 연구와 수업을 제대로 할 수 없었다. 연구와 스포츠를 동시에 하기는 어려웠다. 그래서 예순여섯 살이 되던 해, 골프를 치기 위해 대학교수직에서 물러났다. 20대부터 골프를 시작해서 지금은 싱글을 치는 친구들의 코를 납작하게 해줄 방법이 없을까? 찾아보니 방법이 있었다. 골프에 물리학을 적용하는 것이었다.

겨울철 잔디가 말라죽어 있어서 우드로 쳤을 때 볼이 떼굴떼굴 구르기만 하고 전혀 띄울 수 없던 적이 있다. 싱글 골퍼들이 그런 필자의 모습을 딱한 듯 쳐다보며 위로한답시고 말했다.

"잔디가 없어서 볼이 안 뜨는 거야. 봄이 되면 잘할 수 있어."

그 말을 듣고 또 열의가 불타올랐다. 남들은 다 하는 걸 내가 못할 쏘냐? 그래, 이것은 볼과 우드의 무게중심과 관련 있는 것이다. 그렇다면 무게중심이 낮은 우드로 쳐보자.

발끝 오르막 경사에서는 볼이 왼쪽으로 날아가니 오른쪽으로 몸을 약간 틀어보자! 하지만 어이없는 미스 샷이 나왔다. 왜일까? 물리학으로 계산해봤더니 싱글 골퍼들이 틀렸다. 물리학적으로 보면 발끝 오르막 경사에서도 몸을 앞쪽으로 똑바로 향하고 치는 것이 좋다는 사실!

그로부터 11년, 필자의 실력은 부쩍 늘었다. 지금은 80대 전반의 스코어로 라운딩할 수 있다. 바로 물리학 덕분이다. 골프에 물리학을 적용하면 연습의 성과가 눈에 띄게 늘어난다. 볼을 칠 때에는 물리학적으로 이해하는 것이 중요하다. 원리를 이해하고 골프를 쳐야 실력이 빠르게 향상된다. 몸을 생각대로 움직이지 못하는 심각한 '운동치'라도 물리학적 원리에 따라 그립을 잡고, 볼을 배치하고, 클럽을 선택하면 안 좋은 실력을 대부분 커버할 수 있다.

아무리 노력해도 실력이 늘지 않는 초보 골퍼, 젊었을 때보다 실력이 떨어진 것 같아 한숨만 내쉬는 시니어 골퍼, 아무리 노력해도 남성 골퍼를 따라잡을 수 없다고 체념해버린 여성 골퍼, 눈앞에 잡힐락 말락 다가온 싱글에 도달하기 위해 한창 연습 중인 골퍼……. 모두 이 책을 읽고 물리학을 이용한 골프 실력 향상 비법을 익혀 한 타라도 줄일 수 있다면 더할 나위가 없겠다

마지막으로 이 책의 출판에 정성을 다해주신 사이언스아이 편집부 이시이 씨, 필자의 사무실 기시 씨에게 감사의 인사를 전한다.

오츠키 요시히코

CONTENTS

머리말 3

제1장 장타를 치는 비법

1-1 모든 관절을 사용하여 볼의 초속도(初速度)를 10
    높이는 비법
1-2 볼의 궤도를 조절하는 비법 14
1-3 하루의 첫 라운딩 제1타에 주의한다 24
1-4 바람에 맞서는 비법 32
1-5 원심력을 이용하는 비법 42
1-6 스위트 스폿을 의식하여 치는 비법 48
1-7 볼을 고르는 비법 56

제2장 페어웨이 우드의 비법

2-1 더프와 톱볼을 방지하는 비법 68
2-2 페어웨이 우드는 방향성이 생명이다 74
2-3 3번 우드를 두 자루 준비하라 80
2-4 왼발 내리막, 왼발 오르막 경사에서 치는 비법 86
2-5 발끝 오르막, 발끝 내리막 경사에서 치는 비법 90
2-6 나무 아래에서 멈춘 볼은 드라이버로 친다 94
2-7 깊은 잔디에 빠진 볼은 V자형 스윙으로 친다 98

제3장 아이언의 비법

3-1 아이언의 특성과 사용법 104
3-2 섕크를 극복하는 역학(1) 110
3-3 섕크를 극복하는 역학(2) 114
3-4 섕크를 극복하는 역학(3) 118
3-5 벙커 탈출의 비법 122
3-6 피치 앤드 런의 비법 128
3-7 피치 샷의 비법 134

제4장　퍼팅의 비법

4-1 퍼팅의 세 가지 방법 ·············· 140
4-2 '5분의 2 타법'의 비법 ·············· 146
4-3 경사진 그린에서 포물선 궤도를 그리는 비법 ········ 150
4-4 등고선의 법칙 ·············· 154
4-5 오르막 퍼팅의 비법 ·············· 158
4-6 그린의 잔디결을 판단하는 비법 ·············· 162
4-7 횡결에서 치는 비법 ·············· 166
4-8 퍼팅이 왼쪽으로 휘지 않는 비법 ·············· 170

제5장　클럽의 특성을 살려 치는 비법

5-1 로프트각과 타구의 관계 ·············· 176
5-2 샤프트의 플렉스 ·············· 182
5-3 무게중심 심도와 스위트 에어리어 ·············· 186
5-4 '저중심 클럽'으로 볼을 높이 띄우는 비법 ·············· 192
5-5 무게중심 거리, 무게중심각, 페이스 프로그레션 ······ 196
5-6 방향성을 안정시키는 벌지와 롤 ·············· 200

이 책의 활용법

과학적인 골프를 빠른 시간 내에 익히고자 하는 사람
→ '비법의 핵심'과 '비법 정리'를 읽으면 각 항목을 전부 읽지 않아도 이 책의 핵심을 습득할 수 있다.

'비법의 핵심'과 '비법 정리'를 읽고 나서 자세한 내용에 호기심을 느끼는 사람
→ '비법의 핵심'과 '비법 정리'를 살펴본 후 '비법 공개'를 읽으면 비법의 내용을 자세히 이해할 수 있다.

'비법 공개'를 읽고 나서 비법의 과학적 원리가 궁금해지는 사람
→ '비법 공개'에 이어지는 '과학적 원리'를 읽으면 각 비법이 어떤 원리로 성립되는지 알 수 있다.

정확한 이론을 기반에 두고 플레이하면 실력은 반드시 향상됩니다. 그럼 시작해볼까요?

제 1 장

장타를 치는 비법

1-1 모든 관절을 사용하여 볼의 초속도初速度를 높이는 비법

비법의 핵심

움직일 수 있는 모든 관절을 되도록 같은 방향으로 움직인다.

● 비법 공개

볼을 최대한 멀리 치려면 헤드head 속도를 가능한 한 높여야 한다. 이를 위해서는 움직일 수 있는 모든 관절을 사용해야 한다.

먼저 손목 관절을 움직여보자. 젊은 사람은 200° 이상, 나이 든 사람이더라도 130° 정도는 굽힐 수 있다(그림 1). 이때 손목을 굽히는 방향은 손등 쪽이다. 이어서 아래팔(팔꿈치에서 손목까지의 부분)을 움직여본다(그림 2). 손목을 굽히는 방향과 같은 방향으로 100° 정도 굽힐 수 있다. 아래팔은 손목을 굽히는 방향과 수직으로도 굽혀지지만 이는 크게 신경 쓰지 않아도 된다. 이번에는 위팔(어깨에서 팔꿈치까지의 부분)을 움직여본다. 젊은 사람은 그림 2처럼 100° 정도 굽힐 수 있다. 몸통과 허리는 젊은 사람이면 180° 정도 돌릴 수 있다(그림 3). 그리고 다리는 30° 정도 비틀 수 있다. 이외의 다른 관절도 움직일 수 있다면 최대한 움직이는 편이 좋다. 관절을 움직일 때 문제점이 발생하는 사람은 다음과 같다.

A. 관절이 굳어 잘 움직이지 못하는 사람
B. 움직이는 방향을 너무 의식해 일부 관절이 고정되어버리는 사람

필자를 비롯하여 평생 운동은 거들떠보지도 않는 사람이 A에 속한다.

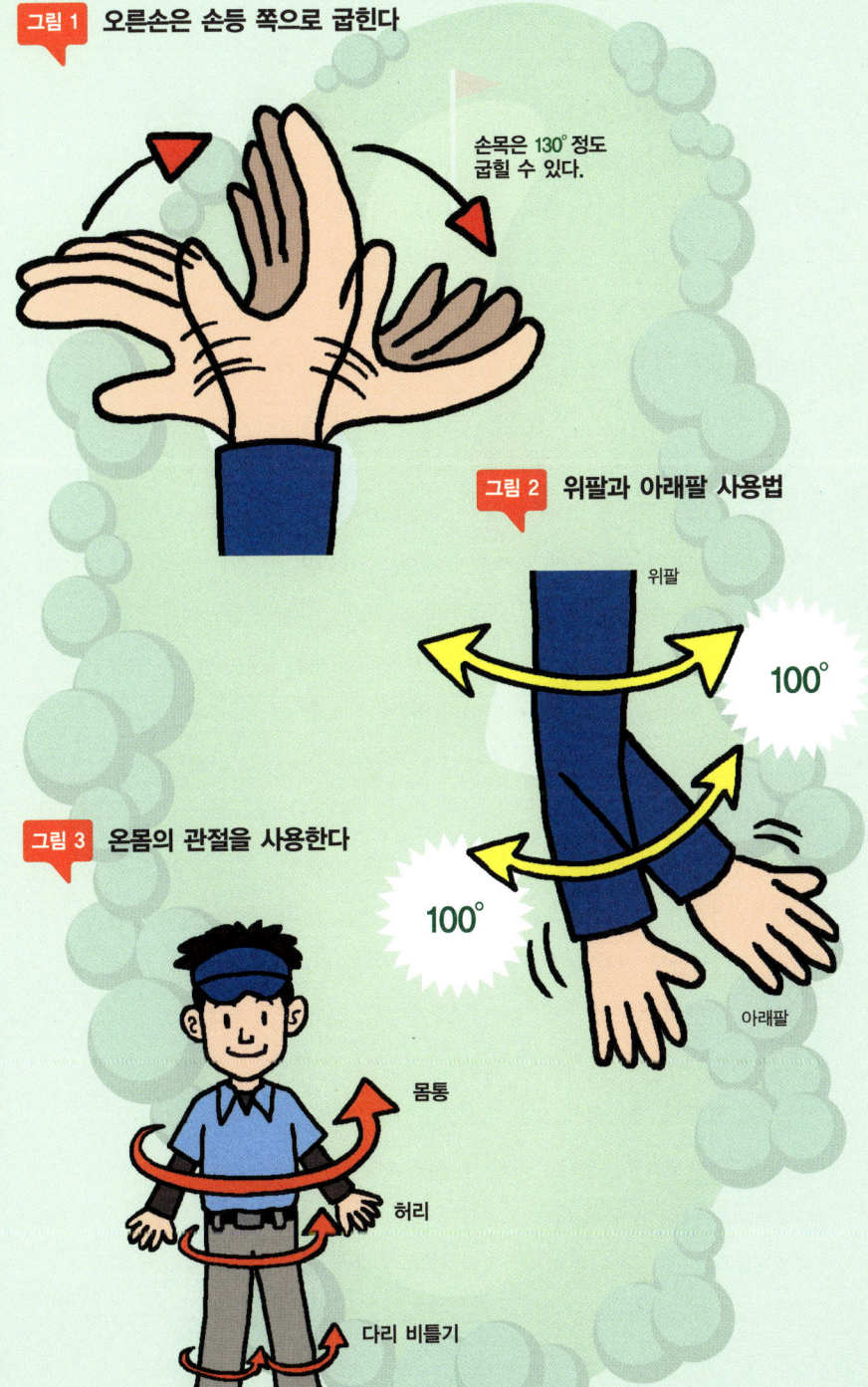

문제는 B에 속하는 사람이다. B와 같은 행동을 하는 이유는 헤드에 볼이 잘못 맞아 미스 힛이 나는 것을 지나치게 두려워하기 때문이다. 미스 힛에 대한 우려로 다리와 허리가 지나치게 긴장하고 손목을 움직일 때도 주저하게 된다. 따라서 B에 속하는 사람은 팔 힘으로만 볼을 치게 된다. 이런 자세로 볼을 쳐도 헤드의 정중앙sweet spot에 볼이 맞도록 할 수는 있으므로 볼의 방향이 흐트러지지는 않는다.

하지만 이런 자세로는 볼을 멀리 칠 수가 없으며, 원래 비거리의 70% 정도만 날아가도 다행이다. 예를 들면 230야드를 칠 수 있는 사람도 팔만 휘둘러 팔 힘으로만 볼을 치면 겨우 160야드밖에 칠 수 없다는 뜻이다. '모든 관절을 풀가동하라'는 말에서 주의 깊게 새겨야 할 점은 관절을 움직이는 방향에 집중하는 것이다. 관절이 움직이는 방향이 통일되지 않고 제각각이라면 효과는 크게 줄어든다. 그러므로 되도록 모든 관절을 손목이 움직이는 방향으로 맞춰서 움직여야 한다.

● 과학적 원리

지금까지의 설명을 '회전 벡터rotation vector'라는 용어로 다시 설명하겠다. 몸통, 허리의 회전 벡터를 먼저 살펴보면 회전 벡터는 그림 4처럼 똑바로 서 있는 사람에 대해 수직으로 그은 화살표로 나타낼 수 있다. 이 사람이 오른쪽에서 왼쪽으로 돌면 화살표의 방향은 위로 올라간다. 화살표의 길이는 회전(각속도)의 크기를 나타낸다.

여기에 위팔과 아래팔을 오른쪽으로 돌렸을 때의 회전 벡터가 더해진다. 이 둘을 더한 '벡터합vector sum'은 그림 5처럼 화살표 두 개를 이은 점선 화살표로 나타낼 수 있다.

그림 5를 보면 알 수 있듯이, 벡터 두 개의 방향이 일치하면 벡터합이 커

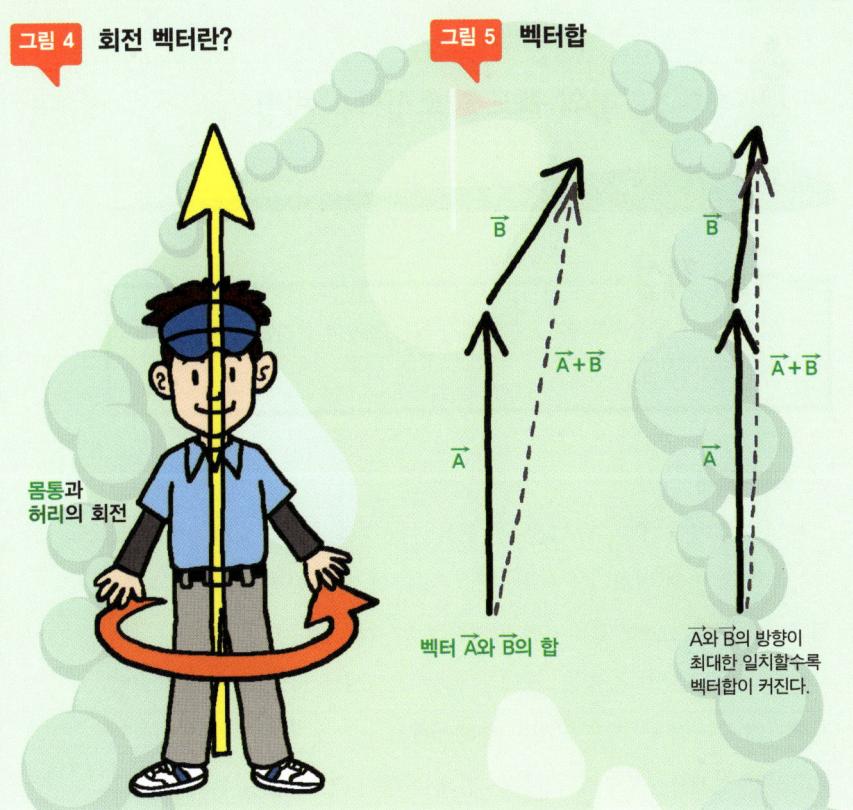

지고, 방향이 일치하지 않으면 벡터합이 작아진다. 따라서 관절을 움직이는 방향을 최대한 같게, 즉 손목이 움직이는 방향으로 일치시켜야 좋다는 사실을 알 수 있다.

비법 정리

스윙할 때는 주저하지 말고 손목이 움직이는 방향을 따라 모든 관절을 움직인다. 많은 관절을 움직이려다 보면 방향이 흐트러지기도 하지만, 연습을 통해 극복해야 한다. 미스 힛이 두렵다고 일부 관절이 긴장해 고정되어서는 절대 안 된다.

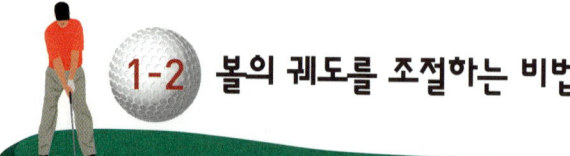
1-2 볼의 궤도를 조절하는 비법

비법의 핵심

볼의 궤도는 급상승하거나 급하강하지 않는 깨끗한 곡선을 그려야 비거리가 길어진다.

🌕 비법 공개

진공 상태에서 볼의 궤도 모양은 포물선을 그린다(출처 : 《골프 숙달의 과학 ゴルフ上達の科学》). 이때 비거리는 볼의 속도(초속도)의 제곱에 비례한다. 다시 말해 초속도初速度가 20% 빨라지면 비거리는 약 40% 길어진다.

볼을 치는 각도는 높지도, 낮지도 않게 적당해야 한다. 비거리가 가장 길어지게 하려면 45° 각도로 쳐야 한다(그림 1).

하지만 실제로는 공기의 영향을 받게 된다. 바람이 불면 볼의 궤도가 많이 달라지고, 바람이 불지 않더라도 공기의 저항은 무시할 수 없다. 볼의 궤도는 공기의 저항에 가로막혀 점점 낮아진다(그림 2). 때로는 '급하강'해버려 비거리가 짧아진다.

더 어려운 점은 볼이 회전(스핀)하며 날아간다는 데 있다. 그러면 볼은 사방으로 흔들린다. 비거리가 길어지게 하려면 스핀이 상승 궤도를 만들도록 해야 한다(그림 3). 이것을 '양력 스핀'이라고 한다.

양력 스핀이란 무엇일까? 이는 필자가 개발한 '왼손 법칙'으로 설명할 수 있다. 그림 4처럼 발을 벌려서 서고 왼손을 가볍게 쥔 후 팔을 똑바로 위로 올린다. 이때 엄지를 제외한 네 손가락의 방향이 스핀이 걸리는 방향이며, 팔의 방향이 양력(볼을 떠오르게 하는 힘)의 방향이라고 이해하

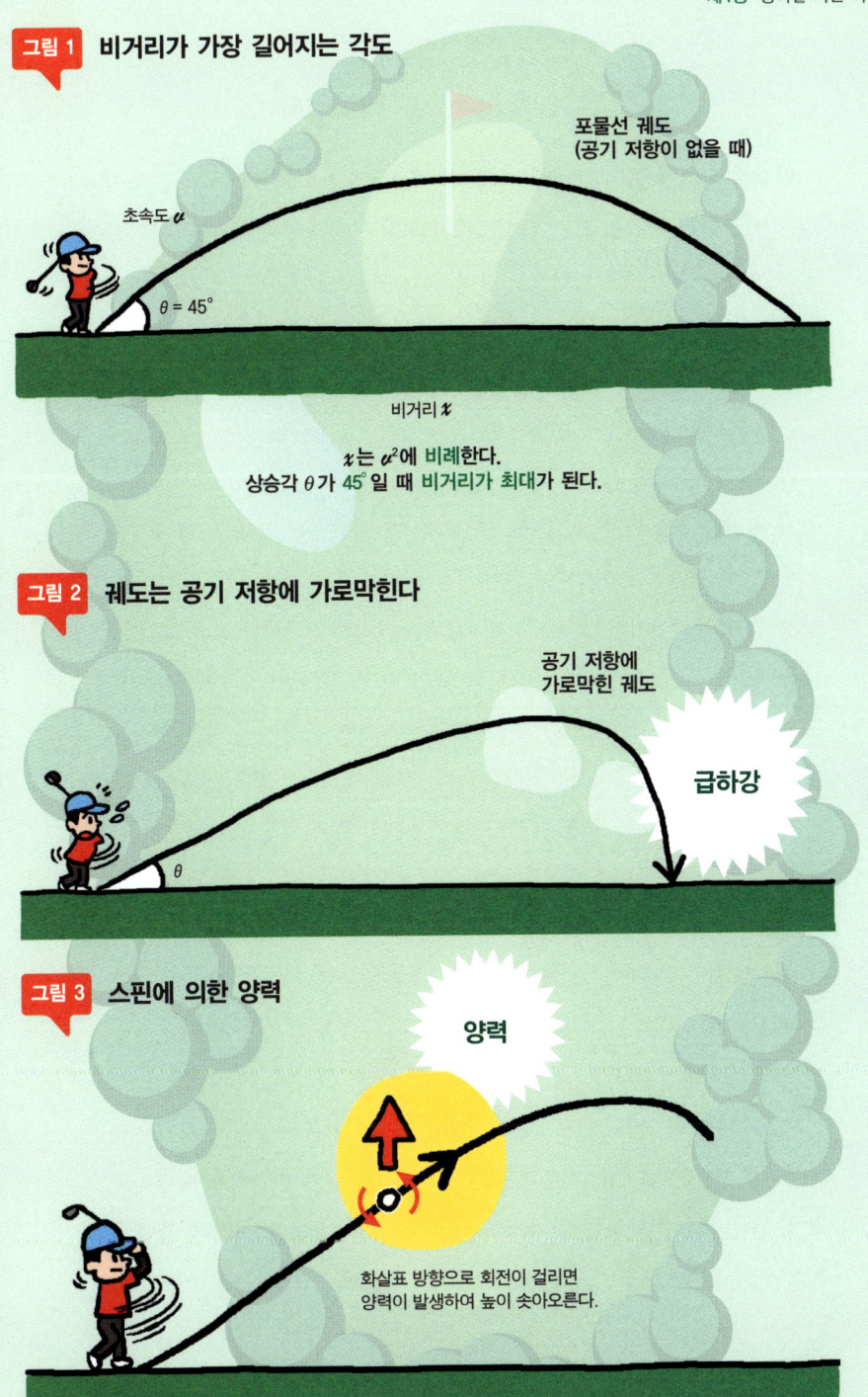

면 된다.

　양력이 생기면 볼이 중력에 의해 떨어지는 현상이 억제되고 공중에 떠 있는 시간이 길어지므로 비거리는 증가한다. 그러나 스핀이 너무 강하게 걸리면 양력이 지나치게 커져서 볼이 필요 이상으로 높이 올라가 비거리가 짧아진다(그림 5). 되도록이면 공기의 저항을 받지 않고 양력은 적당하게 받아야 가장 좋은 궤도가 나올 수 있다.

　과연 그러한 일이 가능하기는 할까?

　가능하다. 훈련만 하면 누구나 할 수 있다. 우선 스핀을 얼마나 주어야 공기 저항을 줄일 수 있는지 연구해야 한다. 아마추어 골퍼, 그중에서도 초보 골퍼, 시니어 골퍼, 여성 골퍼는 볼 선택부터 잘해야 한다. 아마추어 골퍼는 최고급 메이커 볼(다시 말해 비싼 볼)을 사용해서는 안 된다. 최고급 볼은 프로 골퍼를 위한 것이므로 딤플^{dimple}(골프 볼 표면의 울퉁불퉁한 홈)도 프로 골퍼용으로 설계되었다. 프로가 사용하면 이 딤플이 공기의 저항을 억제해주지만, 아마추어가 사용하면 별 효과가 없다. 이것은 스핀에서도 마찬가지이다. 최고급 볼을 프로가 사용하면 딤플에 의해 효과적으로 양력이 발생하지만 아마추어가 사용하면 큰 효과를 거두기 어렵다.

　자신의 수준에 맞는 볼을 선택하는 비결은 다음과 같다.

　아마추어는 여성용 볼을 사용한다. 남성이라도 초보 골퍼, 시니어 골퍼는 여성용 볼이 좋다. 여성용이 아니더라도 비교적 가격이 저렴한 볼을 고르면 그런대로 괜찮다.

　자신에게 맞는 볼을 고르는 특별한 방법이 있을까?

　어려운 이야기이지만, 팸플릿을 보고 '헤드 스피드$^{head\ speed}$ 36~39'라고 표시된 볼을 선택하는 것이 좋다(자세한 사항은 1-7 참조). 이러한 방법이 어렵다면 가격을 보고 결정한다. 프로 골퍼용 최고급품은 한 개에 1만

제1장 장타를 치는 비법

그림 4 왼손 법칙

손을 쥐었을 때
엄지를 제외한 네 손가락의
방향이 스핀이 걸리는 방향

똑바르게 위로 뻗은
팔의 방향이
양력의 방향

그림 5 양력이 지나치게 크면 볼이
필요 이상으로 높이 올라간다

양력

정상 궤도

θ(상승각)

5,000원 정도이지만 저렴한 볼은 한 개에 4,000원 정도면 살 수 있다. 또 미국 인터넷 사이트를 이용하면 한 개당 2,000원 정도에도 살 수 있다.

하지만 정확한 스윙 방법을 몰라 볼을 지나치게 높이 띄워버리면, 자신에게 적합한 볼을 고르느라 들인 수고가 허사가 될 것이다. 티샷$^{tee\ shot}$을 너무 높이 치는 사람은 티^{tee}를 낮게 꽂는 것이 좋다. 이때 티가 낮으면 더프^{duff}가 날 가능성이 커지므로 주의해야 한다. 더프가 날 것 같다고 생각되면 티의 높이는 그대로 두고 헤드의 아랫부분에 볼이 맞도록 자세를 조정하여 치는 것이 좋다.

이제 볼을 칠 때 비거리가 가장 길어지는 각도에 대해 살펴보겠다. 포물선 궤도를 그리도록 치려면 상승각은 45°가 적당하다. 하지만 실제로는 양력 스핀이 생겨 타구 후에 볼이 점점 상승한다는 사실을 고려하여 처음부터 각도를 줄여서 쳐야 한다. 따라서 약 25~30°로 치는 것이 좋다. 그리고 타구 후에 스핀이 걸려 발생한 양력으로 솟아오르는 각도는 15~20°가 이상적이다.

🌕 과학적 원리

포물선 궤도

포물선 궤도에서 비거리는 볼의 초속도의 제곱에 비례한다고 앞서 설명했다. 더 자세히 설명하면 비거리 H는 다음과 같은 식으로 나타낼 수 있다.

$$H = Cv^2 \sin 2\theta$$

비거리 = 상수 × (초속도)^2 × $\sin 2\theta$

여기서 C는 상수, θ는 상승각이다.

sin함수는 각도가 $90°$가 될 때 최대치는 1이 되므로 $2\theta=90°$, 즉 θ가 $45°$일 때 비거리가 최대가 된다.

딤플과 공기 저항

볼에 있는 딤플이 공기 저항을 증가시킬 것 같아 보이지만, 오히려 저항을 감소시킨다(그림 6). 공기 저항은 볼 뒤쪽에 생기는 소용돌이 때문에 발생한다. 소용돌이가 생기면 공기의 압력이 내려가고 볼을 뒤쪽으로 잡아당기는 저항력이 발생한다(그림 7).

하지만 볼 표면에 딤플이 있으면 이 소용돌이가 잘 생기지 않고, 그만큼 공기 저항이 적어진다(그림 8). 딤플이 어떤 형태, 어느 정도 크기여야 가장 좋은지는 쉽게 알 수 없으며 딤플의 모양도 제조사별로 제각각이다.

스핀 발생의 원리

스핀은 어떻게 양력을 발생시키는 것일까? 약간 복잡한 이야기이지만 이 원리만 머릿속에 새겨둔다면 자신이 어떻게 볼을 쳐야 할지 스스로 연구해볼 수 있다. 그러니 너무 껄끄럽게 생각하지 말자.

스핀은 임팩트^{impact}(볼과 헤드면의 충돌) 순간 볼이 헤드면^{face}에서 미끄러지면서 생긴다. 그림 9처럼 임팩트하는 순간 볼에는 면과 수직이 되는 반발력(항력)이 발생한다. 그러나 이때 헤드는 이 항력 방향으로 이동하지 않고 오히려 전혀 다른 방향으로 치우치게 된다. 이 두 방향의 차이 때문에 스핀이 걸린다.

클럽 헤드가 수평으로 이동할 때 항력은 페이스면에 수직으로 작용한다. 그림 9를 보면 볼에 두 가지 힘이 작용한다는 사실을 알 수 있다. 그림 9

그림 6 딤플의 역할

볼에 있는 딤플에 의해 공기 저항이 감소한다.

그림 7 딤플이 없는 경우

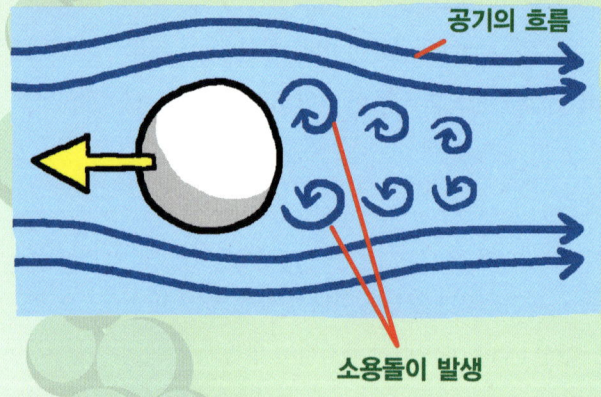

공기의 흐름

딤플이 있는 볼보다 공기의 흐름이 빠르고 저항이 심하다.

소용돌이 발생

그림 8 딤플이 있는 경우

공기의 흐름

공기의 저항이 적어진다.

그림 9 스핀의 발생

이 그림과 같은 상황이라면
스핀은 오른쪽으로 걸린다.
두 방향의 차이 때문에
볼이 헤드면에서 미끄러져
스핀이 걸린다.
항력
헤드의 궤도
지면
스핀의
방향
스핀의
방향

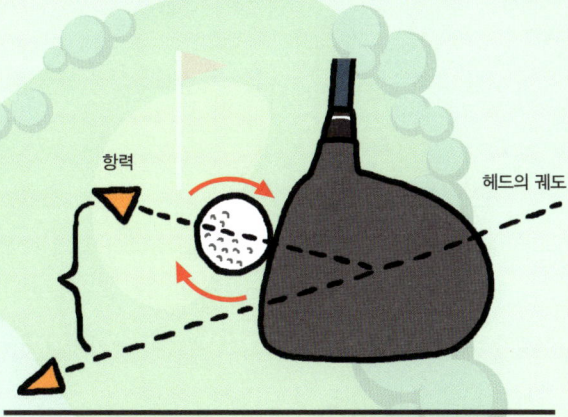

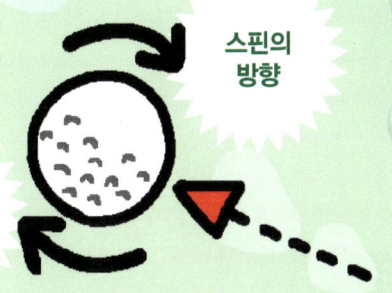

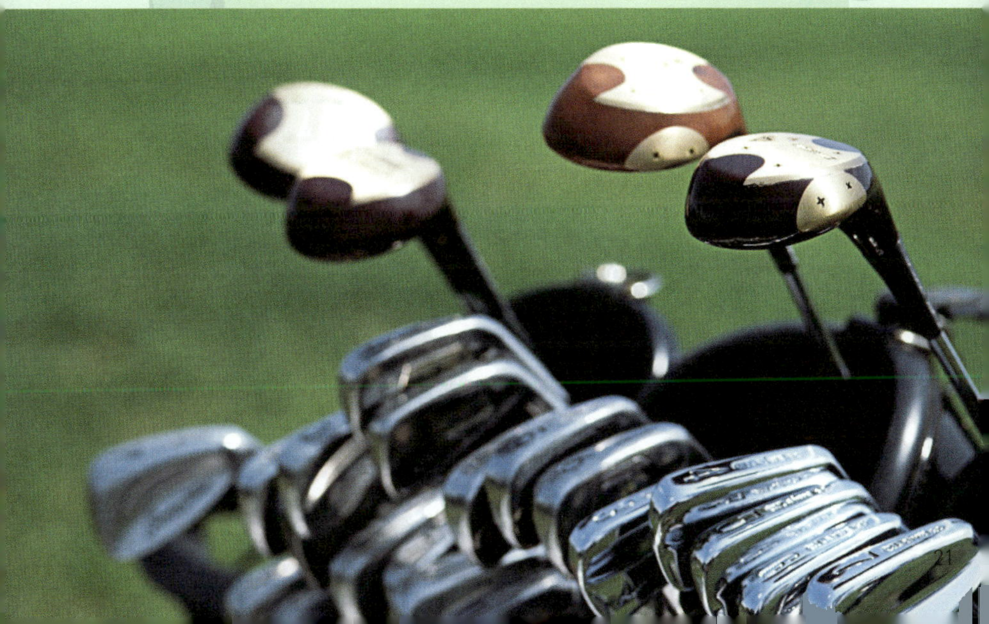

와 같은 상황에서는 옆에서 봤을 때 오른쪽으로 스핀이 걸린다.

왼손 법칙

그림 10처럼 스핀이 걸렸을 때 볼 주변의 공기는 볼과 함께 회전한다. 또 볼이 날아가고 있으므로 볼 옆쪽으로 공기가 흘러간다. 이 둘을 함께 생각하면 볼 위쪽에서는 공기의 유속이 빨라지고 반대로 볼의 아래쪽에서는 느려진다는 것을 알 수 있다.

유속이 빨라지면 압력은 그 속도의 제곱에 비례하여 낮아진다. 이것을 '베르누이의 정리Bernoulli's theorem'라고 한다. 따라서 이런 상황에서는 볼 위쪽의 공기가 받는 압력이 아래쪽보다 낮아져서 위쪽 방향으로 양력이 발생한다.

한편 스핀이 걸리는 방향에 따라 발생하는 힘이 달라지는데, 이는 앞서 소개한 필자의 '왼손 법칙'을 통해 알 수 있다(그림 4). 여기서 팔을 앞으로 내밀면 오른쪽으로 휘어지는 궤도(슬라이스)가 됨을 의미하며, 엄지를 제외한 네 손가락의 방향은 스핀을 의미한다.

> **비법 정리**
>
> 상승각이 25~30°가 되도록 친다. 아마추어 골퍼(특히 시니어 골퍼, 여성 골퍼)는 가격이 저렴한 볼을 사용한다. 티를 낮게 꽂거나 페이스의 약간 아랫부분에 볼이 맞도록 친다. 지나친 스핀으로 타구가 휘어지는 것은 헤드가 이동하는 방향이 나쁘기 때문이므로 주의한다.

주 실제로 아마추어 골퍼가 상승각 25°로 치기는 어렵다. 드라이버의 로프트각(loft angle)은 10.5° 정도이므로 스윙을 하면 상승각이 13~15°가 되는 것이 보통이다. 상승각 25°에 근접하려면 티업(tee up)을 할 때 티(tee)를 높이고 되도록이면 어퍼블로(upper blow, 스윙 궤도가 상승할 때 볼을 치는 타법)로 친다.

제1장 장타를 치는 비법

그림 10 공기의 흐름과 볼의 회전

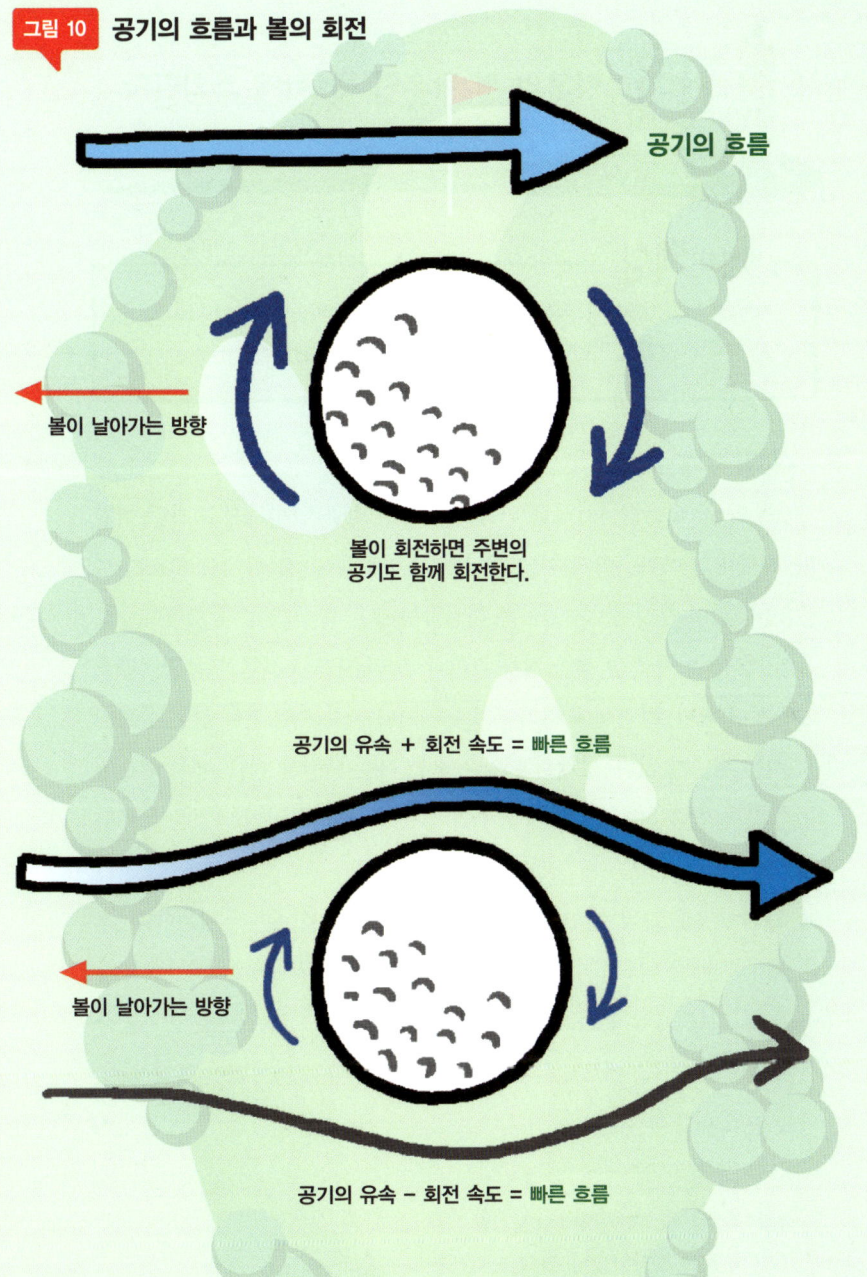

1-3 하루의 첫 라운딩 제1타에 주의한다

> **비법의 핵심**
>
> 하루의 첫 라운딩 제1타는 매우 중요하다. 제1타의 구질을 살피고 그 날 하루의 경향을 판단하여 신속히 그 대처법을 찾아낸다.

● 비법 공개

하루의 첫 라운딩 제1타를 마음이 흡족할 만큼 완벽하게 치기란 어렵다. 캐나다의 아마추어 골퍼들 사이에서는 제1홀의 제1타에서 미스가 나면 벌타 없이 다시 칠 수 있도록 허용하는 로컬 룰이 있을 정도이다. 제1홀의 제1타는 전날 밤 잠을 잘못 잤거나, 오랜 시간 운전했거나, 골프장에 급하게 왔거나, 화장실에 다녀오지 못했거나 하는 악조건이 겹친 상황에서 치는 경우가 많다. 그래서 본인은 물론 다른 사람도 제1타에서 실수하는 것은 당연하다며 너그럽게 봐주는 경향이 있다. 하지만 이것은 잘못된 행동이다.

제1타야말로 그날 자신의 스윙 경향을 여실히 보여주기 때문이다. 스윙 궤도는 매일 미묘하게 달라진다. 이것은 쳐보지 않으면 알 수 없다. 따라서 제1타는 그날의 테스트 샷이라고 할 수 있다. 그래서 필자는 늘 작은 수첩을 지니고 다닌다. 거기에는 제1타의 경향과 대처법이 쓰여 있다. 예를 들면 다음과 같다.

경향 : TOP, SL ⇒ 아래의 대처법을 선택
(TOP = 톱볼 경향이 있어 볼이 뜨지 않는다.)

(SL=슬라이스 경향이 있어 오른쪽으로 휜다.)

대처법 : 슬라이스slice(오른쪽으로 휜다)가 날 때
Ⓐ 오른손 그립을 오른쪽으로 돌려 자세를 취한다.
Ⓑ 스위트 스폿을 기준으로 샤프트shaft 쪽, 즉 힐heel 부분을 임팩트 지점으로 정한다.
Ⓒ 왼발을 안쪽으로 이동한다.

대처법 : 훅hook(왼쪽으로 휜다)이 날 때
Ⓐ 오른손 그립을 왼쪽으로 돌려 자세를 취한다.
Ⓑ 스위트 스폿을 기준으로 헤드의 끝 쪽, 즉 토toe 부분을 임팩트 지점으로 정한다.
Ⓒ 왼발을 바깥쪽으로 이동한다.

대처법 : 볼이 지나치게 높이 뜰 때
Ⓐ 티를 낮게 꽂는다.
Ⓑ 스위트 스폿보다 낮은 지점에서 임팩트한다.
Ⓒ 오른손 그립을 오른쪽으로 돌려 자세를 취한다.

대처법 : 볼이 높이 뜨지 않을 때
Ⓐ 티를 높이 꽂는다.
Ⓑ 페이스의 높은 지점에서 임팩트한다.
Ⓒ 오른손 그립을 왼쪽으로 돌려 자세를 취한다.

물론 이외에도 많은 대처법이 있다. 슬라이스 방지법 같은 것은 프로 골퍼가 쓴 책에 잔뜩 실려 있다. 하지만 현장에서 그 많은 대처법을 일일이 기억해내려고 하다 보면 머리가 혼란스러워지고 어깨에 힘이 들어가

고 말 것이다. 그래서 필자는 가장 효과적인 대처법 세 개만 골라 수첩에 적었다. 이 대처법만 잘 알아두면 웬만한 문제는 해결할 수 있지만, 그렇지 못할 경우에는 스코어 카드의 여백에 메모를 한다. 다른 사람의 점수를 조사해서 메모할 시간은 있으면서 자신의 문제점을 메모할 시간이 없다고 하면 곤란하다. 다음과 같이 간단하게 메모하면 된다.

'제2홀의 드라이브 샷에서 슬라이스가 남. 대처법 Ⓐ로는 잘 안 됨. 다음에는 대처법 Ⓑ로 해보자.'

과학적 원리

슬라이스 대처법 Ⓐ의 역학

오른손 그립을 오른쪽으로 비틀어 스윙하면 임팩트하기 전에 비틀었던 오른손이 풀린다(그림 1). 시험 삼아 손이 아플 정도로 힘껏 비틀고 쳐보면

그림 1 슬라이스 대처법 Ⓐ

오른손의 위치를 오른쪽으로 돌린다.

제1장 장타를 치는 비법

그림 2 슬라이스 대처법 Ⓑ

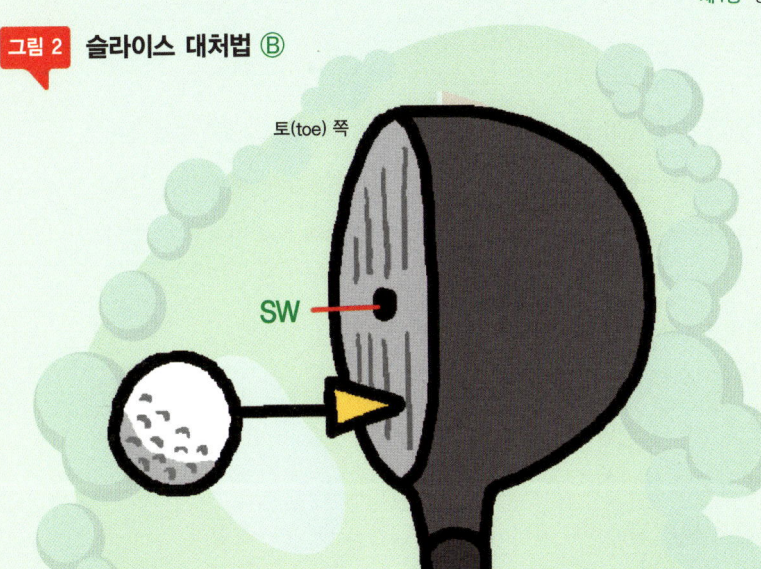

SW : sweet spot, 스위트 스폿

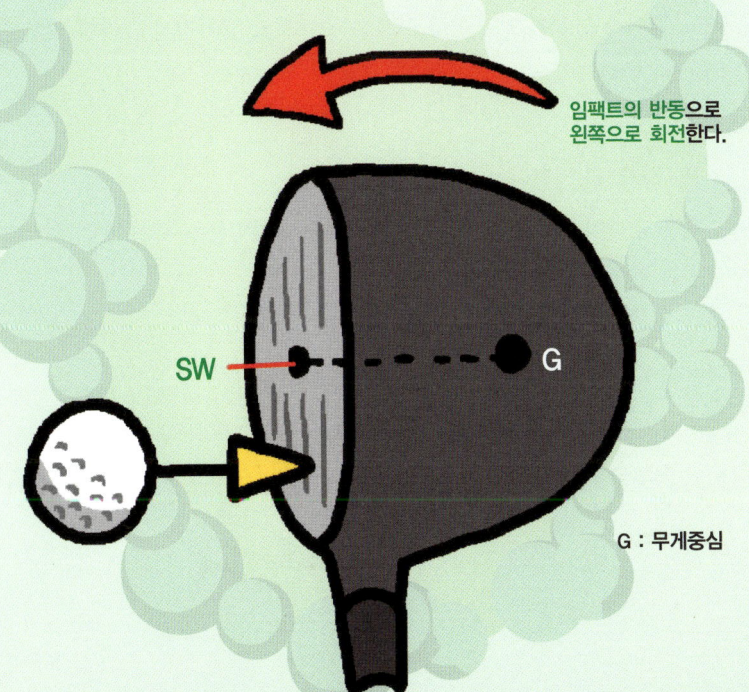

G : 무게중심

알 수 있다. 오른손이 금세 자연스러운 위치로 돌아갈 것이다. 결과적으로 페이스를 오른쪽에서 왼쪽으로 기울이면서 칠 수 있다. 페이스가 왼쪽으로 회전하면 볼은 왼쪽으로 날아가기 때문에 슬라이스를 방지할 수 있다.

슬라이스 대처법 Ⓑ의 역학

볼을 힐 쪽, 다시 말해 몸 조금 앞에 둔다. 이때 볼의 임팩트는 스위트 스폿보다 안쪽에서 일어나는데, 이러한 동작은 그림 2처럼 위에서 봤을 때 왼쪽 방향으로 회전력을 주는 셈이다. 즉 페이스는 다소 왼쪽으로 돌아간다. 따라서 볼은 왼쪽으로 날아가고 슬라이스를 방지할 수 있다.

슬라이스 대처법 Ⓒ의 역학

왼발을 약간 오른쪽으로 옮기면 볼은 왼발에서 더 왼쪽에 위치하게 된다. 따라서 헤드는 그림 3처럼 약간 늦게 임팩트된다. 임팩트가 늦어지면 헤드 페이스는 왼쪽으로 향하고 볼은 왼쪽으로 날아가서 슬라이스를 방지할 수 있다.

훅 대처법의 역학

훅은 슬라이스와 반대이므로, 훅에 대한 대처법은 슬라이스에 대한 대처법과 반대로 하면 된다.

볼이 지나치게 높이 뜨는 현상을 방지하는 역학

볼이 지나치게 높이 뜨면 비거리가 짧아지기 때문에 좋지 않다. 하지만 이런 타구가 방향성만큼은 나쁘지 않아 그나마 낫다고 하는 사람도 있기는 하다.

제1장 장타를 치는 비법

그림 3 슬라이스 대처법

왼발

왼발을 안쪽으로 이동

페이스가 왼쪽을 향하며 임팩트된다.

볼이 높이 뜨는 이유는 높이 뜨게끔 힘이 작용했기 때문이다(당연한 이야기이지만). 임팩트할 때의 힘(항력)은 페이스면에 항상 수직으로 작용한다. 따라서 로프트각이 같은 클럽으로 치면 누가 쳐도 볼이 같은 각도(상승각)로 날아가지 않을까 생각하기 쉽다.

하지만 그렇지 않다. 헤드의 운동 방향이 칠 때마다 다르기 때문이다. 그림 4처럼 비스듬히 들어 올리며 치면(어퍼블로) 어떨까? 항력은 똑같지만 페이스면은 위쪽을 향한다. 따라서 볼은 더 위쪽으로 올라가게끔 힘을 받게 된다.

그뿐만 아니다. 항력의 방향과 헤드 궤도 방향의 차이 때문에 볼은 마찰을 받는다. 그림 5처럼 수평 궤도로 임팩트하면 항력 방향과의 차이만큼 마찰되어 볼이 회전한다. 이때 '왼손 법칙'에 따라 양력이 발생하고 볼은 높이 뜬다.

이 마찰 거리를 짧게 하려면 티를 낮게 꽂거나 헤드 아랫부분으로 임팩트하면 된다.

또 스위트 스폿의 아래쪽에 볼이 접촉하면 임팩트의 충격은 무게중심 주변, 즉 옆에서 봤을 때 왼쪽으로 회전력을 준다. 따라서 헤드 페이스는 아래쪽으로 기울어진다(그림 6). 이렇게 치면 볼이 높이 뜨는 현상을 막을 수 있다. 볼을 높이 띄우기 위해서는 당연히 지금까지 한 설명의 정반대로 치면 된다.

비법 정리

하루의 첫 라운딩 제1타, 제2타의 성향을 살펴본다. 그리고 그 대처법을 메모한다. 특히 '슬라이스'와 '높이 뜨는 볼' 두 가지를 방지하도록 한다.

1-4 바람에 맞서는 비법

비법의 핵심

Ⓐ 맞바람이 불 때는 티를 낮게 꽂고, 스위트 스폿 아랫부분으로 볼을 맞힌다.
Ⓑ 뒷바람이 불 때는 티를 높이 꽂고, 볼이 급하강하는 데 주의한다.
Ⓒ 옆바람이 불 때는 볼이 바람의 방향과 반대로 날아가는 사례가 많으므로 주의한다.

● 비법 공개

Ⓐ 맞바람

볼은 그 주변의 공기가 흘러가는 방향으로 힘을 받는다. 맞바람이 불 때 볼 주변 공기의 속도는 볼의 속도와 풍속을 합한 값이다. 볼의 속도가 초속 55미터, 맞바람이 초속 10미터이면 볼 주변 공기의 속도는 초속 65미터가 된다.

볼이 공기의 흐름에 밀리는 힘을 받는다는 생각은 정확하지 않다. 이것은 다음과 같이 생각하는 편이 타당하다. 공기의 흐름은 볼의 뒤쪽에 소용돌이(그림 1)를 만들고 소용돌이 주위의 기압을 저하시킨다. 그래서 볼이 소용돌이 쪽으로 끌려오는 것이다.

그러면 이런 힘을 받았을 때 볼의 궤도는 어떻게 될까? 우선 상승 궤도를 생각해볼 수 있다. 그림 2처럼 상승 각도는 커지고 볼은 높이 뜬다. 그러다 보면 볼이 지나치게 높이 떠서 비거리가 짧아지는 현상이 일어나기도 한다. 또 스핀으로 발생하는 양력도 커지기 때문에 궤도가 점점 높아진다.

제1장 장타를 치는 비법

그림 1 공기의 흐름과 볼의 관계

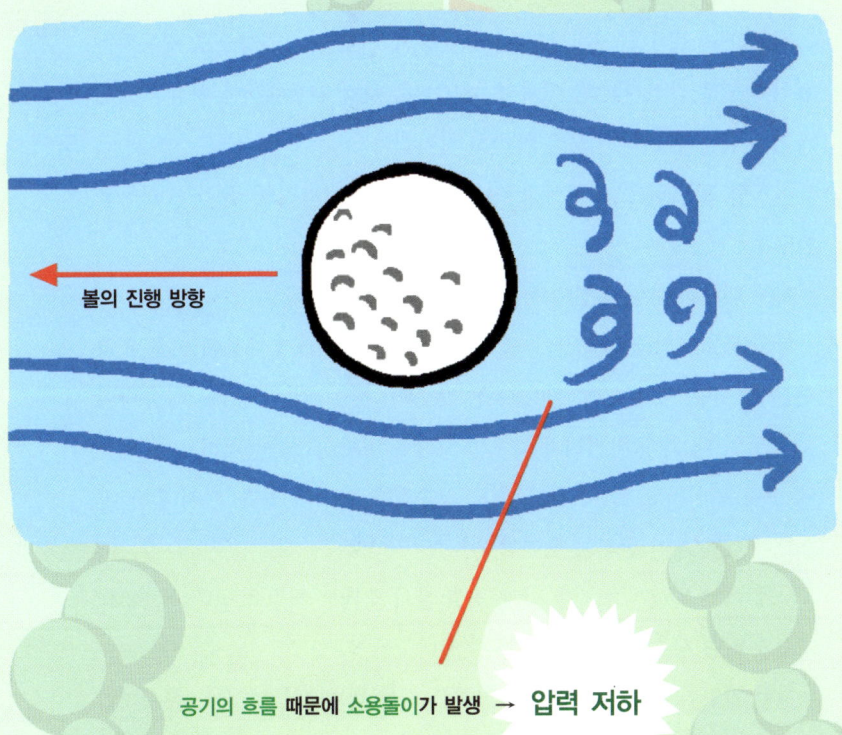

볼의 진행 방향

공기의 흐름 때문에 소용돌이가 발생 → 압력 저하

궤도의 최고점 근처에서는 이러한 공기의 흐름이 저항으로 작용하여 볼의 속도를 감소시킨다. 이어서 그림 3처럼 하강 궤도에서는 하강 각도를 커지게 만든다. 따라서 볼은 급속히 떨어진다.

이처럼 맞바람은 궤도상의 여러 부분에서 비거리를 줄이는 작용을 한다.

이에 대처하기 위한 방법이 있을까?

상승 궤도에서는 상승각이 지나치게 커지면 안 되기 때문에 이를 피하기 위해서는 처음부터 상승각을 낮추어 치는 것이 좋다. 상승각이 30~35°일 때 최대 비거리가 나오는 사람은 바람이 초속 5미터로 불 때는 5°, 초속 10미터로 불 때는 10° 정도 상승각을 낮추어 친다. 다시 말해 평소보다 낮게 쳐야 한다는 뜻이다.

낮게 치기 위해서는 티를 낮게 꽂고 볼의 임팩트 지점을 낮춘다(그림 4). 이렇게 하면 상승각을 낮추어 칠 수 있다.

그럼 최고점 근처에서 바람의 저항을 막는 방법은 무엇일까? 아쉽지만 그것은 불가능하다. 궤도상 하강 부분에서 하강각을 줄이는 방법도 없다. 그러나 처음부터 상승각이 작으면 하강각도 작아질 것이므로 '낮게 치는 것'이 가장 효과적이라고 하겠다.

Ⓑ **뒷바람**

뒷바람이 불 때 상승, 하강 궤도에서 바람의 영향은 앞바람이 불 때와는 반대가 된다. 바람에 의해 볼 주변 공기의 속도는 낮아진다. 볼이 초속 55미터이고, 뒷바람이 초속 10미터이면 볼 주변 공기의 속도는 초속 45미터가 된다.

따라서 볼은 그림 5처럼 원래의 상승각보다 낮아진다. 또 스핀에 의한

제1장 장타를 치는 비법

그림 2 상승 궤도

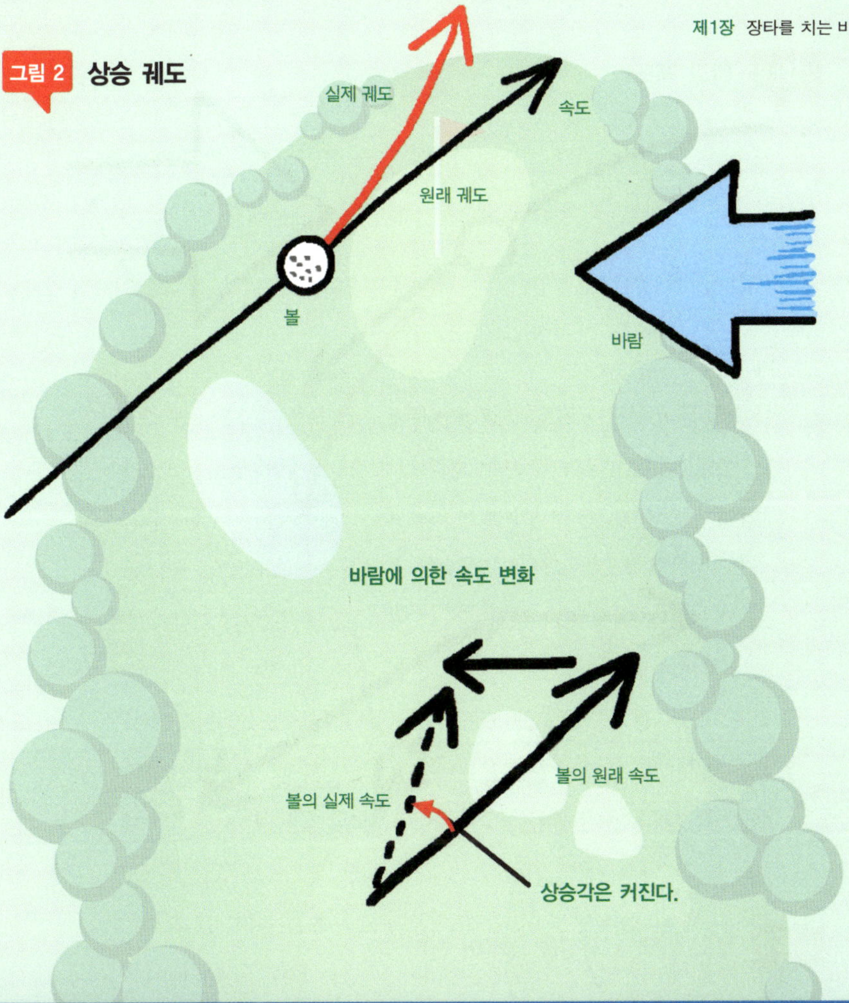

실제 궤도
속도
원래 궤도
볼
바람

바람에 의한 속도 변화

볼의 실제 속도
볼의 원래 속도
상승각은 커진다.

그림 3 하강 궤도

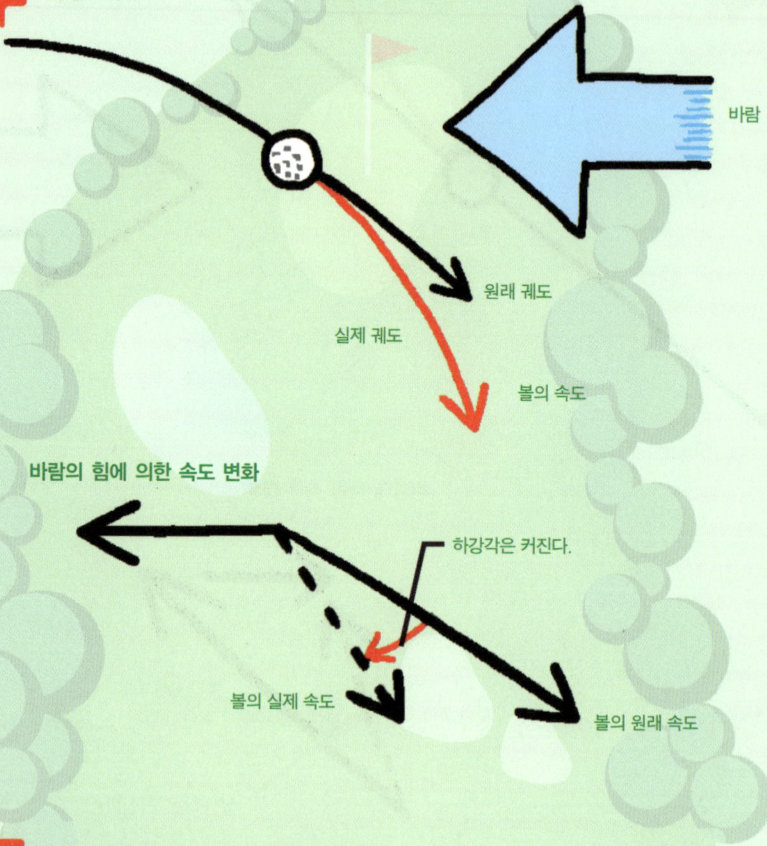

바람

원래 궤도

실제 궤도

볼의 속도

바람의 힘에 의한 속도 변화

하강각은 커진다.

볼의 실제 속도

볼의 원래 속도

그림 4 볼의 임팩트 지점을 낮추어 친다

낮은 위치에서 임팩트

티를 낮게 꽂는다.

양력도 줄어든다. 그러므로 볼의 궤도는 낮아진다. 이를 방지하기 위해서는 티를 높이 꽂고 높은 상승각으로 치는 것이 좋다.

주의해야 할 곳은 하강 궤도 부분이다. 뒷바람이 강하게 불 때 하강 궤도 부분에서는 볼의 속도와 바람의 속도가 같아지는 경우가 있다. 볼의 속도와 바람의 속도가 같아지면 볼 주변 공기의 흐름이 거의 사라져서 아무리 볼에 스핀이 많이 걸려 있어도 양력이 생기지 않는다.

양력이 없는 볼의 체공 시간은 짧아진다. 즉 볼은 갑자기 '뚝' 하고 떨어지고 만다. 뒷바람이 불면 보통 비거리가 길어지지만 궤도의 후반부에서 급하강할 수 있다는 점에 주의해야 한다.

ⓒ 옆바람

옆바람이 불지 않으면 볼은 비구선 target line (볼을 보내려는 방향)에 수직이 되는 좌우 방향으로 공기의 저항을 받지 않는다. 하지만 옆바람이 불면 그 바람의 힘을 받는다. 그러나 이 힘은 맞바람이나 뒷바람과는 약간 차이가 있다.

옆바람이 불 때 그 '힘'의 영향은 미미하므로 아마추어 골퍼는 무시해도 좋을 정도이다. 하지만 그 '방향'만큼은 무시해서는 안 된다. 바람이 왼쪽이나 오른쪽 중 어느 쪽으로 부는지를 정확히 판단하는 것이 중요하다. 바람이 오른쪽에서 왼쪽으로 분다는 확신이 들어도 볼이 오른쪽으로 날아갈 수 있으므로 주의해야 한다.

예를 들면 그림 6처럼 오른쪽에 커다란 숲이 있고 바람이 오른쪽에서 왼쪽으로 불 때, 숲을 통과한 바람이 하강풍 또는 역풍이 될 수 있다. 홀컵 hole cup에 꽂힌 깃발이 나부끼는 모습, 앞서 가는 골퍼의 바지가 펄럭이는 모양 등을 세심하게 관찰하는 것이 좋다.

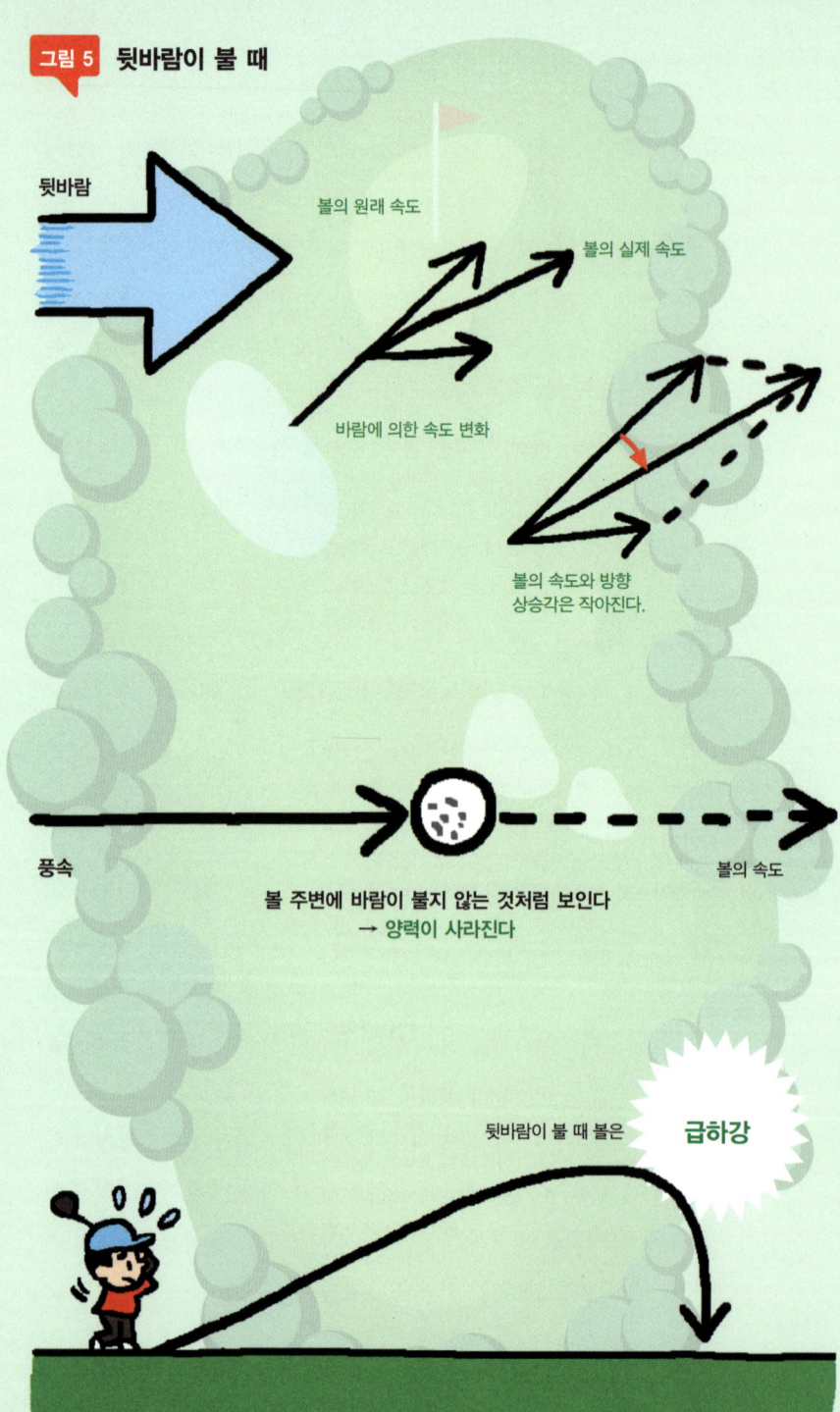

제1장 장타를 치는 비법

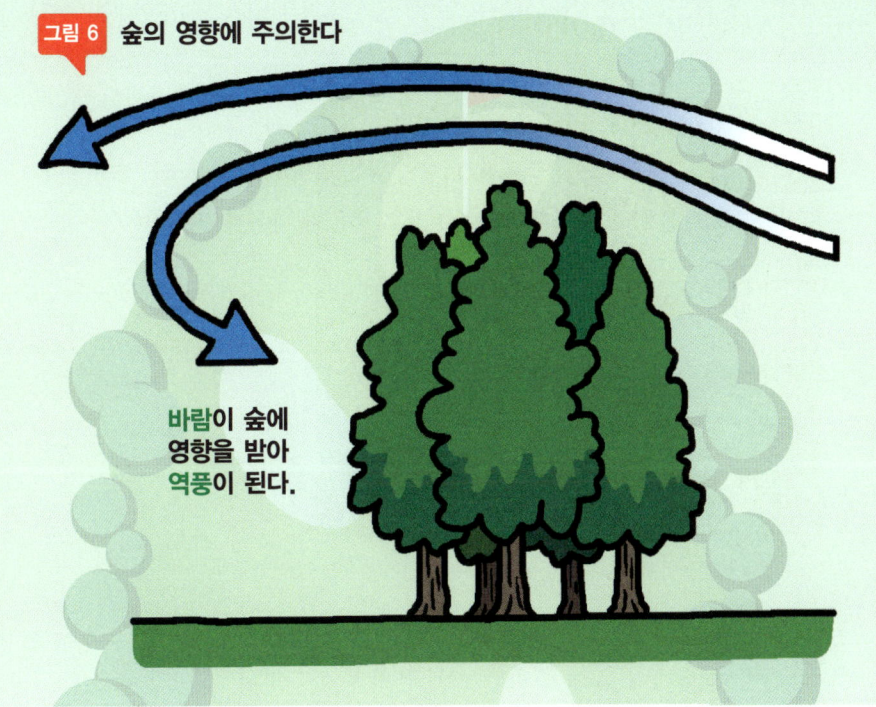

그림 6 숲의 영향에 주의한다

바람이 숲에 영향을 받아 역풍이 된다.

◯ 과학적 원리

볼 주변 공기의 속도를 v라고 했을 때, v는 볼의 속도 V와 바람의 속도 w를 더한 값이다.

$v = V + w$

볼 주변 공기의 속도 = 볼의 속도 + 바람의 속도

뒷바람이 불 때는 w 앞의 부호가 마이너스가 된다. 속도 v가 크면 볼이 받는 공기의 저항력 F는 v의 제곱에 비례한다. 이를 '관성저항 inertial resistance'이라고 한다. 뒷바람이 불 때는 이 저항이 작아지므로 비거리가 길어진다.

볼의 모양으로 정해지는 상수를 k, 바람이 닿는 면적(단면적)을 A, 공기의 밀도를 p, 볼 주변 공기의 속도를 v라고 했을 때 다음과 같은 식이 성립한다.

$F = kApv^2$
공기의 저항력 = 볼의 모양으로 정해지는 상수 × 바람이 닿는 면적(단면적) × 공기의 밀도 × 볼 주변 공기의 속도^2

$v = V + w$ 라면 공기저항력 F는

$(V+w)^2$
(볼의 속도+바람의 속도)^2

에 비례한다. 여기에서 V(볼의 속도)에 비해 w(바람의 속도)가 낮으면 위의 식은

$V^2 + 2Vw$
볼의 속도^2 + 2 × 볼의 속도 × 바람의 속도

로 바꿀 수 있다. 즉 저항력 F의 변화 정도는 $2kApVw$이다. 결국 바람의 영향은 풍속 w에 비례한다고 할 수 있다. 힘 F가 t시간 걸리면 볼은 아래의 식대로 나아간다. m은 볼의 질량이다.

$$L=(1/2)(F/m)t^2$$
이동거리=(1/2)(공기의 저항력/볼의 질량)시간²

즉 바람에 의해(위 두 개의 식을 통해 살펴보면)

$$L=(kAp\mathcal{V}/m)wt^2$$
이동거리 = (상수 × 바람이 닿는 면적〈단면적〉 × 공기의 밀도 × 볼의 속도/볼의 질량) × 풍속 × 시간²

만큼 비거리 L이 변화한다. 실제 경험으로 보면 위의 수치는

$$L=0.23wt^2(\text{미터})$$
이동거리 = 0.23풍속 × 시간²(미터)

로 계산하는 것이 타당하다(풍속이 10미터일 때 비거리는 약 30미터 단축된다). 옆바람이 불 때 풍속이 크지 않으면 '마찰저항frictional resistance'이 작용한다. 이것은 풍속 w에 비례하는 힘이다.

> **비법** 정리
>
> 맞바람이 불 때는 티를 낮게 꽂고 페이스 아랫부분으로 볼을 맞혀 상승각을 낮추어 친다(바람이 초속 5미터일 때는 5°, 초속 10미터일 때는 10° 정도 낮게 친다). 뒷바람이 불 때는 반대로 조금 높이 친다. 옆바람이 불 때는 풍속보다 풍향을 더 주의 깊게 살핀다.

1-5 원심력을 이용하는 비법

비법의 핵심

헤드에 원심력이 작용하면 샤프트^{shaft}가 전방으로 휘어지는데, 이렇게 휘는 힘으로 볼을 쳐 보내게 된다. 이때 중요한 것은 스윙을 할 때 '임팩트 전 가속'을 하는 것이다. '임팩트 전 가속'이란 임팩트하기 바로 전에 속도를 붙이는 것을 의미한다.

이 기술로 효과를 보기 위해서는 부드러운 샤프트를 이용해야 한다. 중년 이상의 아마추어 골퍼는 부드러운 A^{amateur}나 L^{lady} 플렉스가 좋다. 플렉스^{flex}란 샤프트의 휘어짐을 나타내는 기호로, 단단한 순서대로 X$^{extra\text{-}stiff}$, S^{stiff}, SR$^{stiff\text{-}regular}$, R^{regular}, A^{amateur}, L^{lady}로 표기되어 있다. 여기서 S의 'stiff'는 '단단함', R의 'regular'는 '보통', A의 'amateur'는 '아마추어', L의 'lady'는 '여성'을 뜻한다.

◯ 비법 공개

'스윙할 때는 리듬을 타고 여유 있게, 처음부터 끝까지 같은 힘으로 휘두른다.' 물론 맞다. 특히 미스 샷을 범하지 않기 위해서는 이처럼 힘을 일관되게 분배하여 부드럽게 치는 것이 중요하다.

그러나 이것만 해서는 비거리가 길어지지 않는다. 스윙을 하는 도중에 온 힘을 다해서 쳐야 한다. 하지만 힘을 주는 타이밍은 따로 있다. 그럼 언제 힘을 주어야 할까?

Ⓐ 스윙을 하기 시작할 때부터 힘을 준다.
Ⓑ 톱 스윙$^{top\ swing}$ 자세에서 힘을 준다.
Ⓒ 다운 스윙$^{down\ swing}$을 시작할 때 힘을 준다.

제1장 장타를 치는 비법

그림 1 힘을 주는 타이밍

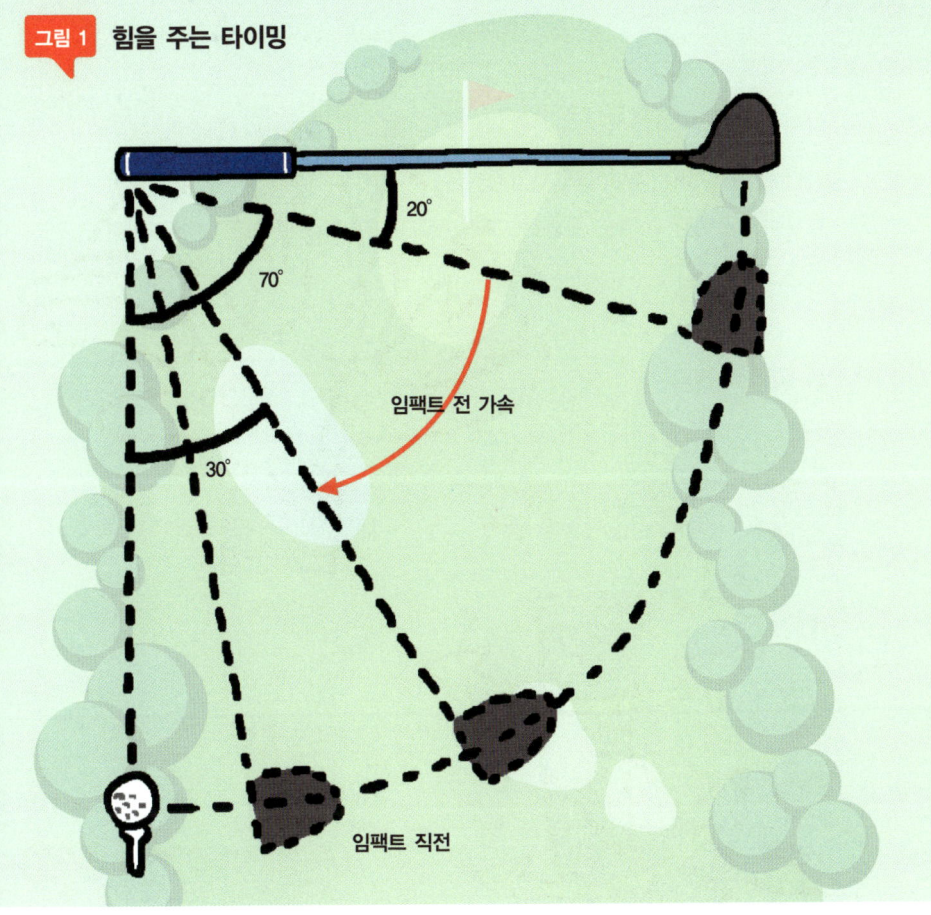

Ⓓ 그림 1처럼 다운 스윙 도중 20° 정도 내려왔을 때부터 힘을 준다.
Ⓔ 임팩트 직전에 힘을 준다.

    정답은 Ⓓ이다. Ⓓ가 '임팩트 전 가속'에 해당한다. 헤드 임팩트를 할 때 속도는 가속도에 비례하고 임팩트할 때까지의 시간에도 비례한다.
    언뜻 생각하기에 Ⓑ의 위치에서 가속을 시작해야 임팩트할 때까지의 시간이 길어져서 헤드 속도가 커질 듯하다. 그것은 맞는 생각이지만 너무 일찍 가속하면 방향이 흐트러질 수 있기 때문에 삼가는 것이 좋다. 뿐만 아니라 샤프트가 전방으로 휘어진 상태를 유지할 수 없으므로 원심력을 효과적으로 활용하지도 못한다. 그러므로 다운 스윙 도중 20° 정도 내려왔을 때부터 힘을 주는 것이 좋다.

● 과학적 원리

헤드 속도를 v, 가속도를 a, 가속시간을 t, 가속 직전의 속도를 v_0이라고 했을 때

$v = v_0 + at$
헤드 속도 = 가속 직전의 속도 + 가속도 × 가속시간

이 되며, 이때 헤드의 무게중심에는 v^2에 비례하는 원심력 $\mathcal{F}$가 작용한다.

$\mathcal{F} = \mathcal{M} v^2 / \mathcal{R}$
원심력 = 헤드 중량 × 헤드 속도^2 / 스윙궤도의 반지름

즉 이 원심력은 시간이 흐를수록 증가한다. $\mathcal{M}$은 헤드의 질량, $\mathcal{R}$은 스윙 궤도의 반지름이다.

그런데 그림 2처럼 무게중심에 원심력 $\mathcal{F}$가 작용하면 어떻게 될까? 이 무게중심은 아이언iron이라면 일반적으로 샤프트 방향에 있지만 우드wood, 특히 드라이버driver는 그림 2처럼 무게중심이 샤프트 방향에서 꽤 멀어진다. 따라서 샤프트는 옆으로 휘어진다.

제1장 장타를 치는 비법

그림 2 샤프트는 원심력으로 휘어진다

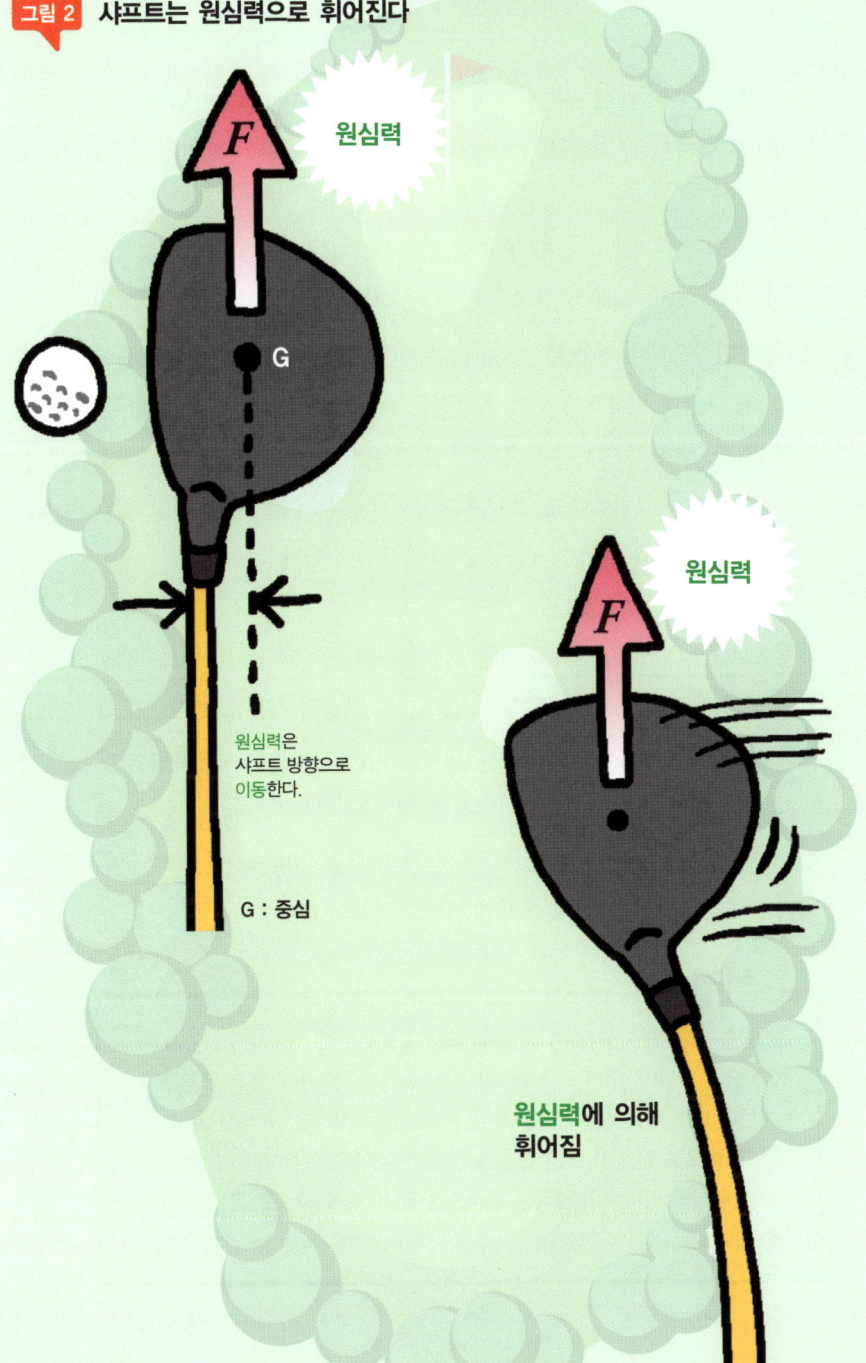

이 현상은 낚싯대에 L자형 금속 잣대를 고정하고 휘둘러보면 확인할 수 있다. '임팩트 전 가속'을 하면 잣대가 옆으로 휘어지는 것을 볼 수 있다(그림 3).

샤프트의 휘어짐은 원심력 $\mathcal{F}$에 비례하여 커지는데 샤프트가 단단할수록 반응은 약하다. 따라서 아마추어 골퍼는 부드러운 샤프트를 쓰는 것이 좋다. 일반적으로 남성은 $R^{regular}$ 또는 $SR^{stiff\text{-}regular}$, 여성은 L^{lady}을 사용하면 된다. 그러나 원심력에 의한 휘어짐을 효과적으로 활용하기 위해서는 힘이 약한 남성 아마추어 골퍼나 중년 아마추어 골퍼도 부드러운 $A^{amateur}$나 L^{lady}을 사용하는 것이 좋다. 또 중년 이후의 여성은 L보다 더 부드러운 샤프트를 주문 제작하는 것도 좋은 방법이다.

여기서 주의할 점이 있다.

샤프트는 전방으로만 휘지 않는다는 점이다. 무게중심의 위치는 샤프트 방향의 아래쪽으로도 이동한다(그림 4). 이 원심력 때문에 샤프트가 아래쪽으로 처진다. 그러므로 너무 쉽게 휘어지는 샤프트를 사용하면 임팩트할 때 헤드가 낮아지고 만다. 이것을 '토 다운$^{toe\ down}$'이라고 한다. 중년 아마추어 골퍼가 부드러운 샤프트를 골라 원심력의 효과를 보려고 한다면 볼을 헤드 아랫부분에 볼이 맞도록 주의해야 한다.

비법 정리

> 스윙을 하는 도중 가속을 하는 위치는 임팩트하기 전 다운 스윙 도중 70~30° 사이이다. 이때 가속하여 헤드 속도가 증가하면 헤드의 무게중심에 원심력이 작용하는데, 샤프트는 전방으로 휘어지고 아래쪽으로 처진다. 전방으로 잘 휘어지면 득이 되지만, 아래쪽으로 처지면 해가 된다. 중년 이상의 아마추어 골퍼는 플렉스를 R보다는 A나 L로 고르는 것이 좋다.

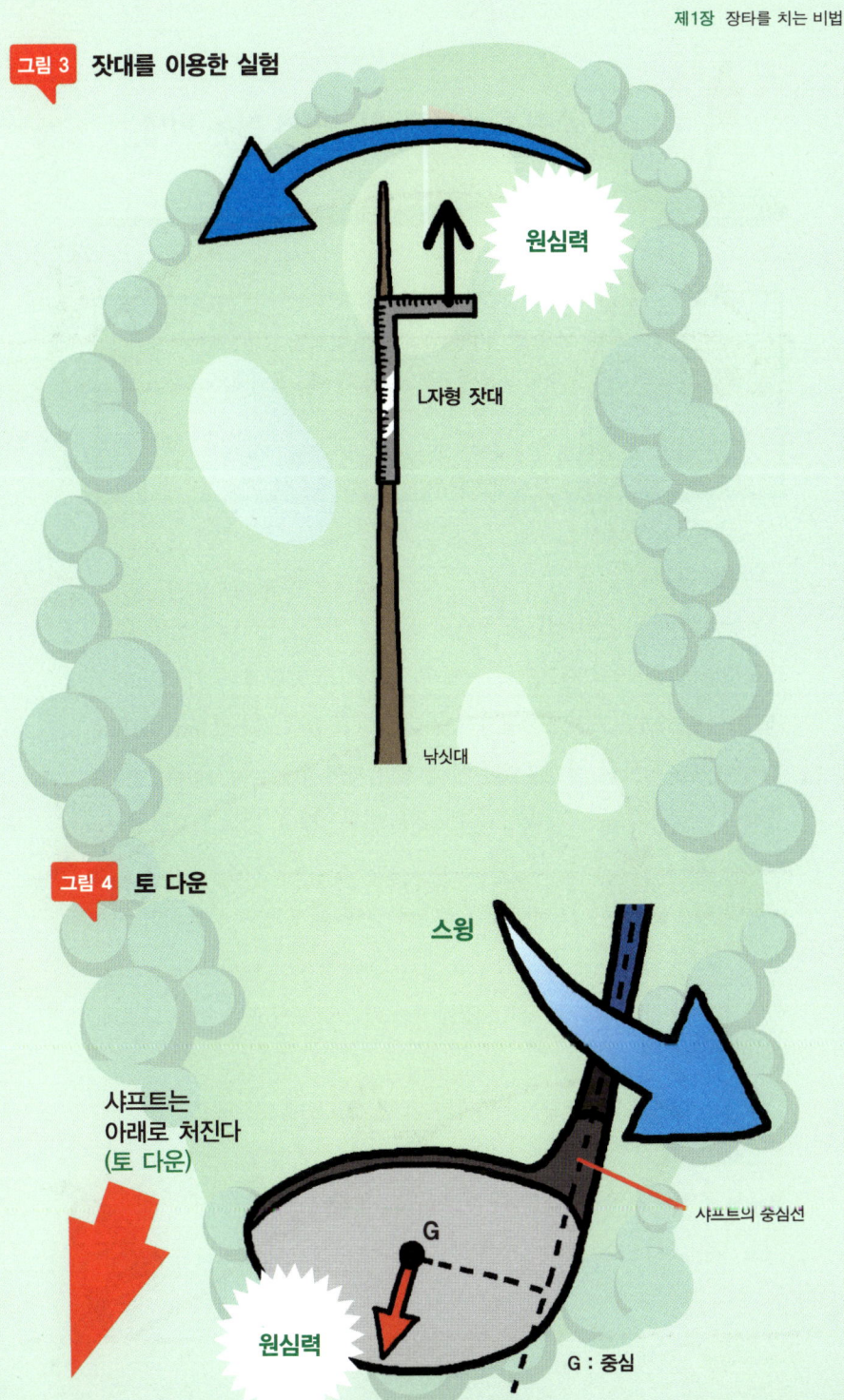

1-6 스위트 스폿을 의식하여 치는 비법

> **비법의 핵심**
>
> 드라이버의 스위트 스폿을 '500원짜리 동전 법칙'으로 찾아낸다. 보통은 스위트 스폿에 볼이 맞도록 치는 것이 좋지만 슬라이스 경향이 있다면 힐 쪽으로, 훅 경향이 있다면 토 쪽으로 비껴 친다. 하지만 어떠한 경우라도 스위트 에어리어sweet area에서 벗어나면 안 된다.

◯ 비법 공개

'500원짜리 동전 법칙'으로 스위트 스폿의 위치를 찾아내는 방법을 설명하겠다. 그림 1처럼 샤프트를 지면에 수평이 되게 하여 왼손으로 가볍게 잡은 후, 오른손으로 500원짜리 동전을 쥐고 페이스면 전체를 차례로 두드려본다. 두드릴 때마다 왼손에 충격이 가볍게 전달될 것이다. 이때 충격이 전달되지 않는 지점이 단 한 군데 있다. 이곳이 바로 스위트 스폿이다.

이 방법으로 스위트 스폿의 위치를 알아낸 후 표시해둔다. 그리고 다시 한 번 신중하게 스위트 스폿 주변을 500원짜리 동전으로 두드려본다. 그러면 왼손에 전달되는 충격의 방향이 두드리는 장소에 따라 전혀 다르다는 사실을 알 수 있다.

Ⓐ 그림 1처럼 토 쪽을 두드리면 왼손에 쥔 샤프트에 오른쪽으로 둥글게 회전하는 충격이 느껴지고, 반대로 힐 쪽을 두드리면 왼쪽으로 둥글게 회전하는 충격이 느껴진다.

Ⓑ 그림 1처럼 크라운crown 쪽을 두드리면 오른쪽으로 젖혀지며 회전하

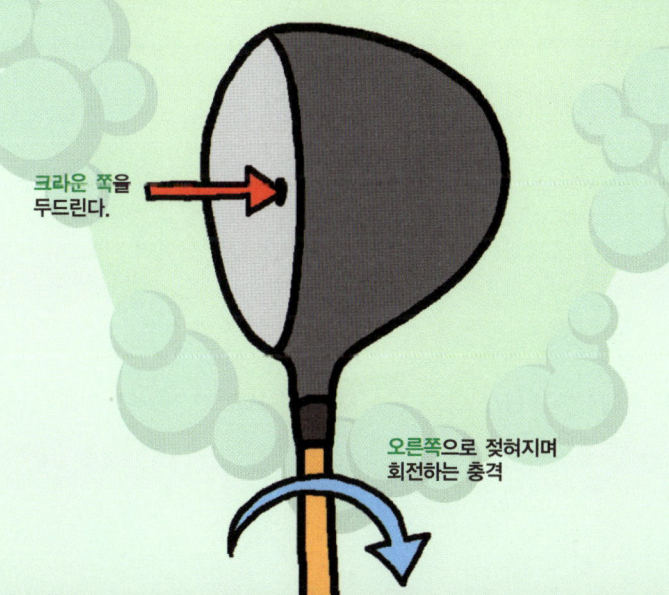

그림 1 두드리는 곳마다 충격이 다르다

제1장 장타를 치는 비법

힐 쪽 / 솔 쪽 / 토 쪽 / 크라운 쪽

왼쪽으로 둥글게 회전하는 충격

오른쪽으로 둥글게 회전하는 충격

샤프트를 지면에 수평이 되게 하여 왼손으로 가볍게 잡는다.

크라운 쪽을 두드린다.

오른쪽으로 젖혀지며 회전하는 충격

는 충격이 느껴지고, 솔sole 쪽을 두드리면 왼쪽으로 젖혀지며 회전하는 충격이 느껴진다.

Ⓐ의 경우, 샤프트가 오른쪽으로 둥글게 회전하면 볼은 슬라이스(오른쪽으로 휨)가 되고, 왼쪽으로 둥글게 회전하면 훅(왼쪽으로 휨)이 된다. Ⓑ의 경우, 오른쪽으로 젖혀지며 회전하면 볼이 높이 솟아오르는 궤도를 그리고, 왼쪽으로 젖혀지며 회전하면 낮게 날아가는 궤도를 그린다.

이것을 역으로 이용할 수 있다. 즉 슬라이스가 날 때는 힐 쪽을 이용하여 볼을 비껴 치고(1-3 참조), 훅이 날 때는 토 쪽을 이용하여 볼을 비껴 치면 볼의 방향을 교정할 수 있다.

🔵 과학적 원리

스위트 스폿의 역학적 정의는 다음과 같다. 헤드의 무게중심 G에서 헤드의 페이스면에 수직으로 연장선을 그어본다. 이 연장선과 페이스가 교차하는 지점이 스위트 스폿이다(그림 2).

그림 2에 표시된 위치에서 볼이 임팩트되면 그 충격으로 헤드는 무게중심을 기준으로 회전한다. 회전의 각속도(회전 속도) 변화율은 이 충격항력 $\mathcal{F}$의 모멘트moment $\mathcal{N}$에 비례한다. 여기에서 r은 충격항력 방향의 연장선과 무게중심 사이의 거리이다.

$$\mathcal{N} = r \times \mathcal{F}$$

힘의 모멘트 = 충격항력 방향의 연장선과 무게중심 사이의 거리 × 충격항력

이때 비례상수는 $(1/I)$이고, I는 '관성모멘트moment of inertia'이다. 관성

제1장 장타를 치는 비법

그림 2 스위트 스폿의 위치

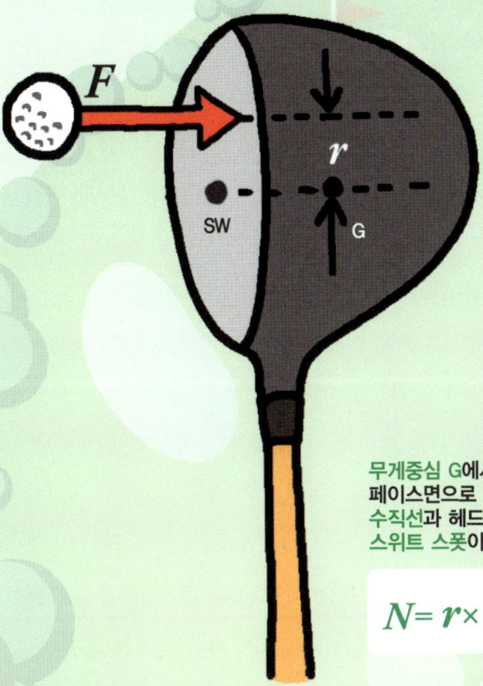

F

SW

r

G

무게중심 G에서
페이스면으로 연장한
수직선과 헤드면이 만나는 지점이
스위트 스폿이다.

$$N = r \times F$$

모멘트란 '회전이 잘 안 되는 정도'를 나타내는데, 관성모멘트가 클수록 회전이 잘 안 된다는 뜻이다.

스위트 스폿은 r이 0인 지점이다. r의 값이 0이라는 것은 충격력으로 인한 헤드 회전이 없다는 뜻이다. 즉 $\mathcal{N}$=0이며 회전의 각속도 변화율도 0이다.

지금까지 설명한 것을 수식으로 나타내면 다음과 같다.

I×(각속도의 변화율) = $r \times \mathcal{F}$
관성모멘트 × 각속도의 변화율 = 항력 방향의 연장선과 무게중심 사이의 거리 × 충격항력

물론 볼이 스위트 스폿에서 벗어나면 r은 0이 아니기 때문에 헤드는 회전한다. 이때 회전율은 벗어난 거리 r에 비례하여 증가한다. 이것을 역이용하여 슬라이스와 훅을 방지할 수 있다는 것은 앞에서 설명했다.

여기서 드라이브의 페이스면에 불룩하게 튀어나온 부분(앞뒤로 불룩한 부분을 벌지bulge, 위아래로 불룩한 부분을 롤roll이라고 한다)에 관해 잠깐 짚고 넘어가겠다.

그림 3은 불룩한 부분이 있는 경우와 없는 경우를 비교하고 있다. 같은 위치에 볼이 맞더라도 벌지가 있으면 r이 작아진다. 즉 벌지는 스위트 스폿에서 벗어나 앞뒤로 비껴 쳐도 미스 샷이 나지 않도록 하는 효과가 있다. 마찬가지로 롤도 스위트 스폿에서 벗어나 위아래로 비껴 쳐도 미스 샷이 나지 않도록 한다.

'스위트 에어리어가 크고, 미스 힛이 안 나고, 비거리가 긴 드라이버'. 자주 들어본 광고 문구일 것이다. 여기서 스위트 에어리어란 무엇일까?

제1장 장타를 치는 비법

그림 3 벌지의 효과

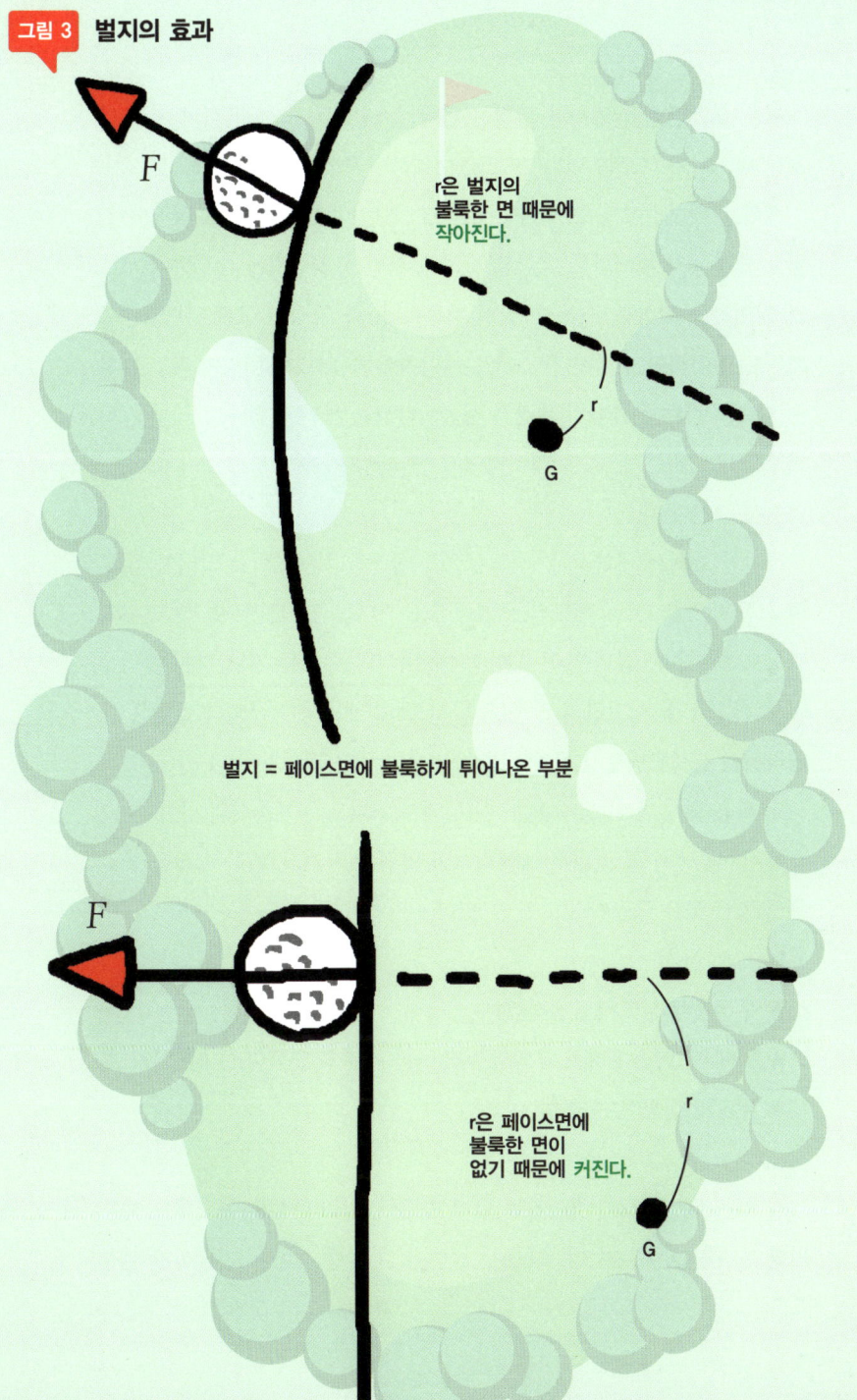

스위트 에어리어의 정확한 정의는 없다. '스위트 스폿에서 비껴 쳐도 양호한 비거리가 나오는 범위' 정도로 이해하면 좋겠다.

스위트 에어리어는 '그립의 강도'와도 관련이 있다. 임팩트 지점이 스위트 스폿에서 벗어나도 그립만 강하게 쥐면 충격항력에 대항하여 헤드가 회전하는 현상을 줄일 수 있기 때문이다. 즉 악력이 강한 사람일수록 스위트 에어리어는 커진다. 스위트 에어리어는 '악력 에어리어'라고도 할 수 있으므로 이를 클럽의 객관적 성능이라고는 하기 어렵다. 그러니 클럽 제조사가 내거는 '스위트 에어리어가 큰 클럽'이라는 광고 문구를 너무 믿어서는 안 된다.

하지만 스위트 에어리어가 큰 클럽을 개발하려는 노력은 의미가 있다. 예를 들면 그림 4처럼 헤드의 무게중심을 지나는 연직선$^{vertical\ line}$ 주위의 관성모멘트가 큰 클럽은 동일한 충격항력의 모멘트를 지닌 다른 클럽에 비해 헤드가 잘 회전하지 않는다. 다시 말해 제조사가 부피와 질량은 동일하지만 관성모멘트가 큰 헤드를 개발하는 일은 의미가 있다.

또 허용 회전각(실제로는 입체각)이 정해져 있어도 무게중심의 깊이(무게중심 심도)가 깊을수록 스위트 에어리어의 면적은 커진다. 따라서 다음과 같은 클럽이 좋은 클럽이라고 할 수 있다.

★ 무게중심 심도가 깊은 클럽
★ 위에서 봤을 때 헤드 후방에 튀어나온 부분의 면적이 큰 클럽
★ 헤드의 질량이 큰 클럽

하지만 과유불급^{過猶不及}이라는 말이 있듯이, 위의 특성을 무턱대고 키우기만 한다면 휘두르기조차 어려운 클럽이 되고 말 것이다. 지금까지 설명

그림 4 헤드 회전 줄이기

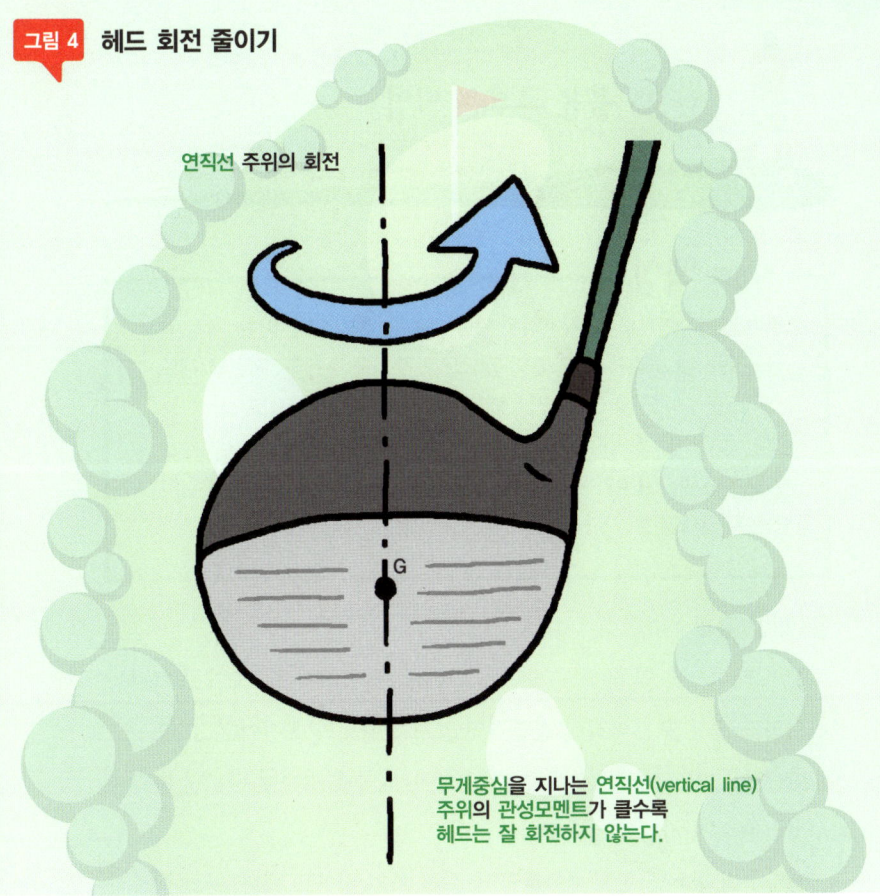

한 여러 가지 슬라이스(또는 훅) 대처법으로 효과를 보지 못했다면, 클럽의 특성을 위와 같이 바꿔보는 것도 좋다.

비법 정리

보통은 스위트 스폿에 볼이 맞도록 치는 것이 가장 좋다. 그러나 슬라이스, 훅이 나지 않도록 치기 위해서는 의도적으로 스위트 스폿을 비껴 치는 방법이 효과적이다. 하지만 이때도 스위트 에어리어의 범위를 벗어나서는 안 된다.

1-7 볼을 고르는 비법

비법의 핵심

멀리 날아가면서도 잘 휘어지지 않는 볼을 골라야 한다. 이 두 가지 특성을 동시에 갖추지 못한 볼이 많으므로 주의해야 한다. 자신의 헤드 스피드를 살펴본 후 그에 맞는 볼을 제조사의 팸플릿을 보고 결정하는 것이 좋다. 잘 휘어지지 않는 볼이란 중심점과 무게중심이 일치하는 볼을 말한다. '굴리기 테스트'를 통해 볼의 중심점과 무게중심이 일치하는지 알아낼 수 있다.

⚪ 비법 공개

볼이 페이스에 맞을 때 반발력이 강하게 일어나면 초속도가 증가하여 비거리가 길어진다. 따라서 반발력의 크기가 관심의 초점이다. 그래서 등장한 것이 '반발계수 coefficient of restitution'이다. 국제 기준에 따르면 반발계수 e는 0.83 이하여야 한다(그림 1).

아마추어 골퍼는 반발계수에 크게 신경 쓰지 않아도 된다. 클럽 제조사는 대부분 국제 기준에 정확히 맞춘 성능 좋은 페이스를 끊임없이 개발하기 때문이다. 따라서 아마추어 골퍼가 비거리를 늘리기 위해서는 헤드의 반발계수보다 볼 선택에 더 신경 써야 한다.

하지만 말처럼 쉽지는 않다.

비거리가 잘 나온다고 광고하며 비싼 가격을 매겨놓은 볼이라도, 누가 치든 항상 멀리 날아간다는 보장은 없다. 다시 말해 사람에 따라 헤드 스피드가 다르므로 그 차이를 고려하여 볼을 선정해야 한다. 그럼 자신의 헤드 스피드는 어떻게 알 수 있을까? 대형 골프 숍에서 헤드 스피드 측정

제1장 장타를 치는 비법

그림 1 국제 기준으로 정해져 있는 반발계수

$$\text{반발계수 } e = \frac{v'}{v} < 0.83$$

기로 측정해보자.

하지만 이 측정기는 그다지 믿을 만하지 않다. 측정기에서 사용하는 클럽은 샤프트의 굵기가 실제 클럽과 다르고, 헤드도 우드의 헤드와는 차이가 많다. 또 측정기에서는 온 힘을 다해 클럽을 휘두르지만, 실제 드라이버로 칠 때는 방향성을 생각하느라 온 힘을 다해 칠 수 없다는 차이점도 있다.

필자가 측정기로 잴 때는 초속 39~40미터가 나오지만, 실제 드라이버로 휘두를 때는 초속 37미터 정도가 나온다. 그러므로 평상시 비거리의 평균으로 대략적인 헤드 스피드를 판정하는 편이 더 현실적이다. 인터넷으로 미국제 측정기를 구입하는 것도 나쁘지 않다. 아래는 일반 골퍼의 헤드 스피드와 비거리의 평균값이다.

★ 여성 시니어 골퍼 : 초속 35~36미터, 비거리 140~150야드
★ 젊은 여성 골퍼, 남성 시니어 골퍼 : 초속 37~38미터,
　비거리 170~200야드
★ 젊은 남성 골퍼, 여성 프로 골퍼 : 초속 39~41미터,
　비거리 230~260야드

평상시 비거리가 190야드라면 헤드 스피드는 초속 37~38미터라고 판단할 수 있다. 그럼 이 범위에서 가장 적당한 볼을 고르면 된다. 제조사의 팸플릿을 살펴보고 고르는 것이 바람직하다.

예를 들어 던롭Dunlop의 홈페이지나 팸플릿에서 볼의 성능표를 찾아볼 수 있다. 유명한데다가 광고에도 많은 힘을 쏟는 '젝시오 DC(사진 1)'는 적당한 볼이 아니다. 적정 헤드 스피드가 초속 38~42미터이기 때문이다.

사진 1. 던롭 '젝시오 DC'

제1장 장타를 치는 비법

적정 헤드 스피드
30 35 40 45 50

사진 2. 던롭 'DDH 투어 스페셜 SF'

이것이 'DDH 투어 스페셜 SF'

적정 헤드 스피드
30 35 40 45 50

볼은 자신의 헤드 스피드에 맞는 것을 고른다. 볼의 특징은 카탈로그나 제조사 홈
페이지에서 확인할 수 있다.
사진 제공 : SRI스포츠
※ 적정 헤드 스피드는 던롭 홈페이지를 참조하여 작성

오히려 이보다 가격이 저렴하고 적정 헤드 스피드가 초속 36~38미터인 'DDH 투어 스페셜 SF(사진 2)'가 더 적당하다고 하겠다.

골프볼 제조사는 많지 않기 때문에 홈페이지를 일일이 살펴보거나 팸플릿을 전부 모으는 일은 어렵지 않다. 귀찮아하지 말고 꼼꼼히 살펴보기 바란다. 이런 식으로 볼을 고르면 무턱대고 볼을 고를 때보다 5~15야드 정도 비거리를 늘릴 수 있다.

볼을 고를 때 신중하게 체크해야 할 사항이 또 한 가지 있다. 바로 중심점과 무게중심이 일치하는지 여부를 살펴보는 일이다(그림 2). 볼은 구형이니까 중심점과 무게중심이 당연히 일치한다고 생각하기 쉽지만 실제로는 그렇지 않다. 만일 무게중심이 중심점에서 벗어나 있다면 볼은 날아가면서 휘어질 것이다.

중심점과 무게중심이 일치하지 않으면 그린^{green}에서 볼이 휘어지는 현상이 일어난다. 예를 들면 그림 3처럼 무게중심이 중심점의 오른쪽으로 치우쳐 있다면 볼은 오른쪽으로 휜다. 골퍼가 볼의 이상을 일일이 보정하며 치기는 어렵기 때문에, 구입하기 전에 미리 테스트하여 무게중심이 한쪽으로 치우쳐 있는 볼을 구입하지 않는 것이 최선이다.

테스트 방법은 간단하다. 흔히 볼 수 있는 퍼팅 연습기를 이용하면 된다. 그림 4처럼 퍼팅 연습기의 약간 높은 곳에 설치되어 있는 홀컵 부분에서 볼을 굴려 떨어뜨려본다. 직선을 그리며 똑바로 굴러가는 볼이 좋은 볼이고, 휘어서 굴러가는 볼은 나쁜 볼이다. 볼을 여러 개 테스트하다 보면 몇 센티미터나 휘어지는 볼도 나오기 마련이다.

중심점과 무게중심이 어긋나 있는 볼이라도 그 어긋난 정도만 미리 안다면 이를 감안하여 볼을 칠 수 있다. 그래서 미국에서는 볼을 고속으로 회전시켜 무게중심이 어긋난 정도를 알아내어 마커로 선을 그어 표시해

제1장 장타를 치는 비법

그림 2 의외로 어긋나 있는 중심점과 무게중심

G : 무게중심
C : 중심점

무게중심 G와 중심점 C가 반드시 일치하지는 않는다!

주는 기계장치(보통 스위트 스폿 파인더$^{sweet\ spot\ finder}$라고 함)가 시중에 나와 있다. 이것은 인터넷으로 구입할 수 있다.

● 과학적 원리

헤드 스피드 v와 볼의 초속도 V의 차이를 주의하라. 질량이 M인 헤드로 질량이 m인 볼을 친다고 하면 다음과 같은 식으로 나타낼 수 있다.

$$V = v(1+e)(M/(M+m))$$

볼의 초속도 = 헤드 스피드 × (1+반발계수) × {헤드의 질량/(헤드의 질량 + 볼의 질량)}

여기에서 e는 반발계수이다. 반발계수는 앞에서 설명했듯이 국제 기준인 0.83 이하여야 한다. 웬만큼 잘 치지 않는 한 e는 보통 0.8을 넘지 않는다. 오른쪽의 질량비($M/(M+m)$)는 약 0.86이다. 따라서 위의 식은 다음과 같이 바꿀 수 있다.

$$V = v(1+0.8) \times 0.86$$
$$= 1.548v$$

즉 볼의 초속도는 헤드 스피드의 55% 정도라고 할 수 있다. 스피드 건으로 볼의 초속도를 실제로 측정해보면 이 정도 값이 나온다.

최근에는 제조기술이 발전하여 볼의 내부를 보통 스리피스$^{three\text{-}piece}$ 구조로 만든다. 구조가 복잡해진 만큼 가격도 비싸졌다. 이런 볼은 임팩트 할 때의 힘(항력)이 강한 사람에게 적합하다. 강하게 임팩트하면 볼의 내

그림 3 무게중심이 어긋나 있으면……

C : 중심점   G : 무게중심

그림처럼 무게중심이 중심점에서 오른쪽으로
치우쳐 있으면 볼은 오른쪽으로 휜다.

부까지 충격이 전달되기 때문에 그에 대한 대책으로 구조를 복잡하게 만들었다.

하지만 힘이 약한 시니어 골퍼나 여성 골퍼는 내부의 구조가 중요하지 않다. 따라서 투피스two-piece로도 충분하다. 게다가 투피스 볼은 가격도 저렴하다. 힘이 약한 사람은 최고급 스리피스 볼을 사용할 필요가 없다. 내부가 복잡한 스리피스 볼은 아무래도 중심점과 무게중심의 위치가 일치하지 않을 가능성이 커진다. 정확한 퍼팅을 위해서는 이 점을 감안해야 한다.

마지막으로 반발계수의 물리적 정의를 설명하겠다. 반발계수란 일반적으로 57페이지 그림 1처럼 볼이 페이스에 닿기 전의 속도 v와 볼이 튀어나갈 때의 속도 v'의 비라고 정의할 수 있다.

$e = v'/v$
반발계수 = 볼이 튀어나갈 때의 속도/볼이 페이스에 닿기 전의 속도

임팩트될 때는 에너지가 손실되는데 이 때문에 v와 v'의 차이가 발생한다. 이 에너지 손실이 0이면 $v=v'$이 되어 $e=1$이라고 할 수 있다. 지니고 있던 에너지가 모두 손실되면 $v'=0$, $e=0$이 된다. 이때 에너지는 열과 소리로 전환된다. 일반적으로 반발계수는 0과 1 사이의 값이라고 할 수 있다.

제1장 장타를 치는 비법

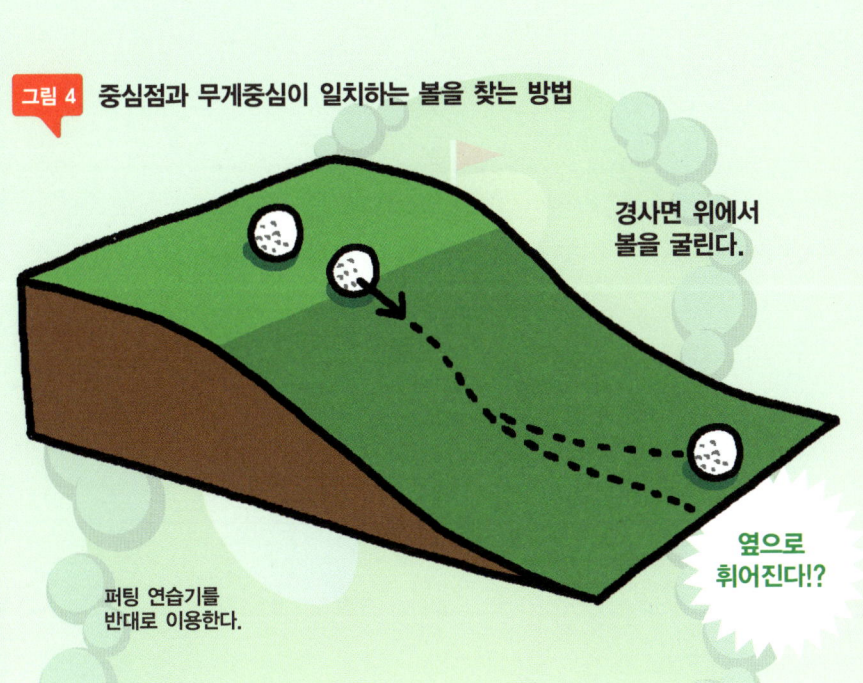

그림 4 중심점과 무게중심이 일치하는 볼을 찾는 방법

경사면 위에서 볼을 굴린다.

퍼팅 연습기를 반대로 이용한다.

옆으로 휘어진다!?

비법 정리

골프볼 광고에 현혹되지 마라. 제조시는 모든 볼이 '최고의 비거리를 낸다'고 광고하기 때문이다. 자신에게 맞는 볼을 제대로 고르려면 먼저 제조사의 홈페이지나 팸플릿을 잘 읽어보아야 한다. 자신의 비거리로 헤드 스피드를 산출하고 이에 맞는 볼을 고른다. 헤드 스피드는 직접 쳐보고 확인한다. 퍼팅 테스트를 할 때 휘어지는 볼은 중심점과 무게중심이 불일치하므로 구입하지 않는다.

제 2 장

페어웨이 우드의 비법

2-1 더프와 톱볼을 방지하는 비법

비법의 핵심

더프^{duff}가 나면 볼을 더 오른쪽에 두고 볼의 윗부분을 노려 친다. 톱볼 top ball이 나면 볼을 더 왼쪽에 두고 볼의 아랫부분을 노려 친다. V자형으로 볼을 깎아내리듯이 친다.

● 비법 공개

 더프란 클럽 헤드가 볼의 뒤쪽 지면을 먼저 치는 바람에 클럽 헤드가 잠깐 튀어 올랐다가 볼을 치게 되는 미스 샷을 말한다. 더프를 치면 볼은 떠오르지 못하고 그림 1처럼 페어웨이^{fairway}를 데굴데굴 굴러가고 만다. 더프를 방지하기 위한 방법은 간단하다. 오른손에서 힘을 빼고 볼의 아랫부분과 지면 사이의 틈에 헤드를 넣는다는 생각으로 치면 된다. 그러나 실제로 하려면 말처럼 쉽지만은 않다.

 그래서 누구나 쉽게 실천할 수 있는 대처법을 제시하려 한다. 볼의 위치를 바꾸는 방법이다. 그림 1처럼 볼의 뒤쪽 지면을 친다는 것이 문제이므로 바로 그곳에 볼을 두면 된다. 하지만 헤드가 충분히 비구선 방향으로 향하지 않고 페이스가 다소 오른쪽으로 향하기 때문에 볼도 오른쪽으로 휘어지기 십상이다. 그래서 이 방법으로 칠 때는 몸을 왼쪽으로 약간 틀어 쳐야 좋다.

 톱볼에 대한 대처법은 이와 반대이다. 톱볼이란 헤드가 지면은커녕 볼에조차 제대로 맞지 않는 것이다. 헛스윙을 하면 오히려 다행이다. 볼 윗부분에 어설프게 맞으면 볼은 페어웨이로 데굴데굴 굴러가고 만

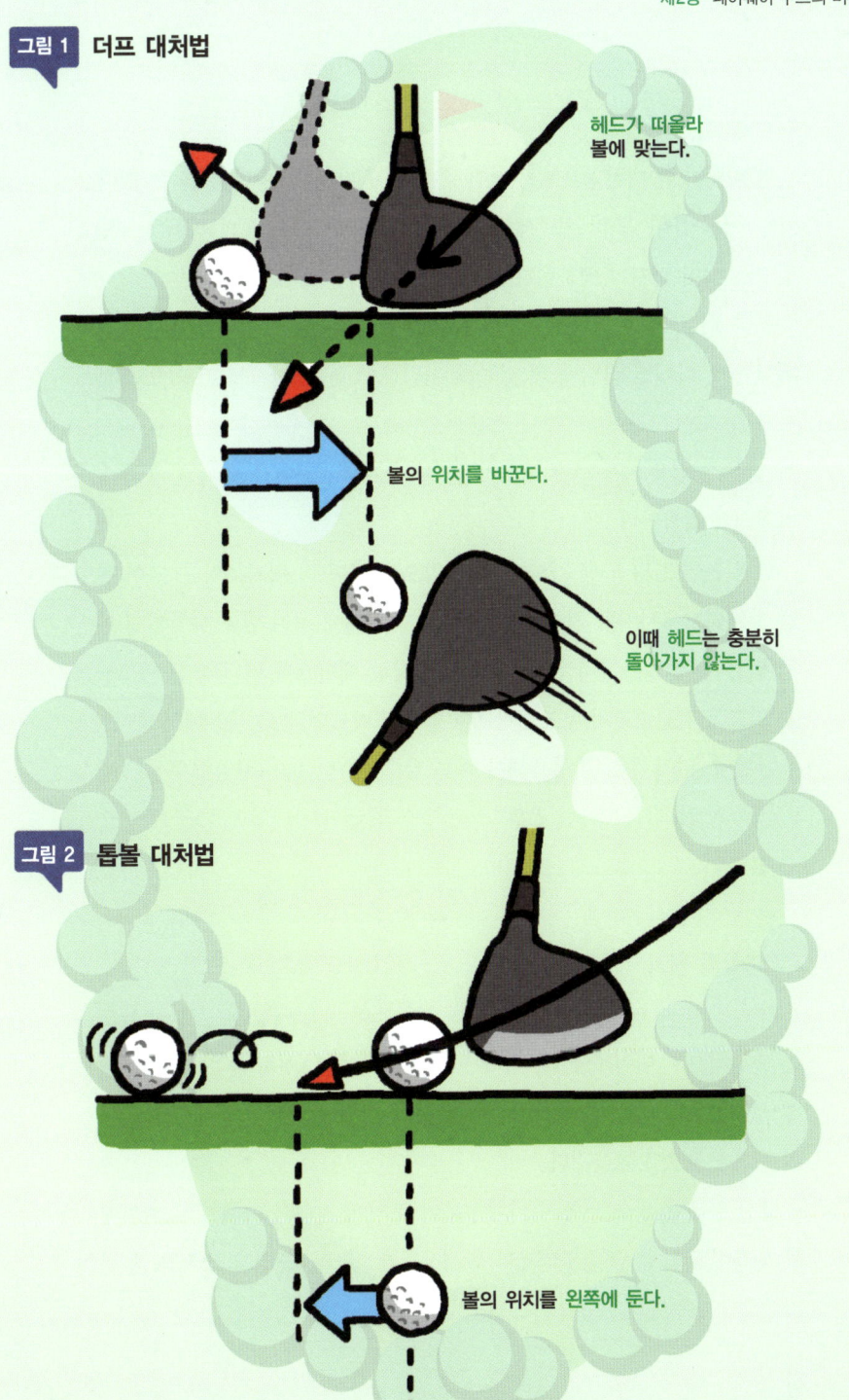

다(그림 2).

톱볼에 대한 대처법으로는 볼을 왼쪽에 옮겨 두는 방법을 들 수 있다. 그림 2처럼 볼이 좀 더 왼쪽에 있으면 헤드의 최저점이 볼의 위치에 도달할 가능성이 커지기 때문이다.

볼이 러프^{rough}에 빠졌을 때는 좀 까다롭다. 이때는 볼이 러프 깊숙이 빠졌는지, 아니면 잔디에 떠 있는지 판단해야 한다. 잔디에 떠 있으면 헤드가 두꺼운 드라이버^{driver}나 스푼^{spoon}(3번 우드)을 사용한다(그림 3). 헤드가 얇은 클럽을 사용하면 헤드가 볼 아래로 파고들어서 볼이 높이 뜨고 비거리가 짧아진다.

한편 볼이 잔디 속에 깊숙이 빠져 있으면 일이 더 번거로워진다. 이 볼을 페어웨이에서처럼 치려다 보면 헤드가 잔디에 걸려 힘을 빼앗기기 때문에 볼이 잘 날아가지 않는다. 이때는 클럽 페이스가 잔디에 잘 파고들 수 있도록 가장자리가 우드^{wood}보다 날렵한 아이언^{iron}을 사용해야 좋다. 어쩔 수 없이 우드를 사용해야 하는 상황이라면 그림 4처럼 U자형 스윙$^{U\ shape\ swing}$보다는 V자형 스윙$^{V\ shape\ swing}$을 해야 잔디의 영향을 덜 받을 수 있다.

○ 과학적 원리

더프가 날 때 헤드는 어떻게 움직일까? 볼의 뒤쪽 지면을 먼저 친 헤드는 순간적으로 튀어 오른다. 튀어 오른 직후에 그림 1처럼 볼을 친다. 이때 헤드는 볼보다 높은 위치에서 볼에 맞는다. 따라서 헤드의 무게중심은 볼의 무게중심보다 높아진다.

다시 말해 스위트 스폿의 아랫부분에 볼의 충격력이 가해지고, 헤드에는 왼쪽으로 도는 회전모멘트가 발생(1-3 참조)하며, 볼은 위로 뜨지 못한

그림 3 볼이 잔디에 떠 있을 때

볼이 잔디에 떠 있을 때는 헤드가 두꺼운 우드를 사용한다.

다. 손쉬운 대처법은 볼을 좀 더 오른쪽, 즉 지면을 치는 곳에 볼을 놓는 것이다.

이때 스윙 궤도를 위에서 살펴보겠다. 평소의 스윙 궤도는 왼발 근처에서 왼손을 중심으로 하여 원형 궤도를 그린다. 따라서 볼을 왼발 근처에서 오른쪽에 두면 임팩트가 일찍 되어 페이스는 오른쪽으로 치우친다. 이대로 임팩트하면 볼은 오른쪽으로 휘어진다. 이런 현상을 피하기 위해서는 약간 왼쪽으로 몸을 틀어 치는 것이 좋다.

이보다 더 쉬운 대처법도 있다. 볼 아래쪽의 틈을 노리고 치지 말고 오히려 볼의 정수리 부분을 노리고 치는 것이다. 이 방법은 약간 심리적인 작전이라고 하겠다. 평소에 볼 아래를 노렸을 때 지면을 치는 사람이라면, 그곳보다 더 위쪽을 노리고 쳤을 때 제대로 맞힐 수 있다.

더 극단적으로 말하면 클럽 헤드로 볼을 깎아내리듯이 치는 것이 좋다. 즉 평소에 하는 U자형 스윙이 아니라 V자형 스윙을 한다(그림 4). 이렇게 하면 볼의 윗부분을 맞혀 톱볼이 나지 않을까 불안해질 것이다.

하지만 그런 걱정은 안 해도 된다. 헤드가 볼의 윗부분을 맞혀 톱볼이 될 것처럼 보이지만 생각과 달리 볼은 높이 뜬다. 왜일까? 그 이유는 볼이 지면에서 받는 항력과 관계가 있다. 그림 4처럼 V자형으로 스윙했을 때 헤드는 앞으로 나아가는 힘과 아래로 향하는 힘을 볼에 가한다. 하지만 아래로 향하는 힘의 반작용 역시 볼에 가해지고, 이에 따라 볼은 높이 뜬다. U자형 스윙으로 볼 윗부분을 쳤을 때와 V자형 스윙으로 볼 윗부분을 쳤을 때를 그림으로 비교해보았으니 참고하길 바란다.

여기서는 지면이 단단한 곳에서만 반작용이 발생한다는 점을 주의하자. 진흙이나 모래가 덮인 곳에서는 반작용을 전혀 기대할 수 없다. 지금까지의 설명은 톱볼을 방지하는 방법으로도 중요하다.

제2장 페어웨이 우드의 비법

그림 4 볼이 잔디 속에 깊숙이 빠져 있을 때

날렵한 V자형 스윙을 한다.
U자형 스윙을 하면 잔디에 걸려 힘을 빼앗기기 때문이다.

V자형

U자형

비법 정리

더프를 방지하는 방법은 볼을 오른쪽에 옮겨 두고 몸을 약간 왼쪽으로 틀어 볼의 정수리 부분을 노려 치는 것이다. 톱볼을 방지하려면 볼을 왼쪽에 옮겨 두고 볼을 깎아내리듯이 V자형 스윙을 하면 된다.

2-2 페어웨이 우드는 방향성이 생명이다

비법의 핵심

우드는 비거리가 길다. 하지만 방향성은 칠 때마다 달라지기 때문에 세심한 주의가 필요하다. 오른손 그립과 왼발의 위치로 방향을 정확히 조정한다.

◯ 비법 공개

3번, 5번 우드는 파3, 파4, 파5 홀에서 모두 자주 사용되는 가장 중요한 클럽이다. 예를 들어 파4홀 제2타에서 3번, 5번 우드를 사용하여 볼을 그린에 올려놓고 파^{par}나 버디^{birdie}를 노리는 것이 일반적이다. 이때 핀에 최대한 가깝게 붙이는 것이 중요하다. 다시 말해 우드의 방향성에 신경 써야 한다는 뜻이다.

하지만 우드는 똑같은 그립으로 똑같은 위치에서 치더라도 보통 좌우 10야드 정도 흔들린다. 심할 때는 그린에서 20야드나 벗어나 1~2타 정도 손해 보는 경우도 생긴다. 치는 날에 따라, 치는 시간에 따라 이런 현상이 다르게 나타나기 때문에 더욱 어려움이 많다. 그러므로 그날 자신의 구질을 파악하고 그에 따라 자세를 조정해야 한다(1-3에서 소개한 제1타의 조정법과 큰 차이가 없다).

① 오른쪽으로 5야드 정도 휘어질 때의 대처법

오른손 그립을 오른쪽으로 5밀리미터 돌린 후 고정하거나 왼발을 2센티미터 안쪽으로 옮긴다(그림 1).

제2장 페어웨이 우드의 비법

그림 1 볼이 오른쪽으로 5야드 정도 휘어질 때의 대처법

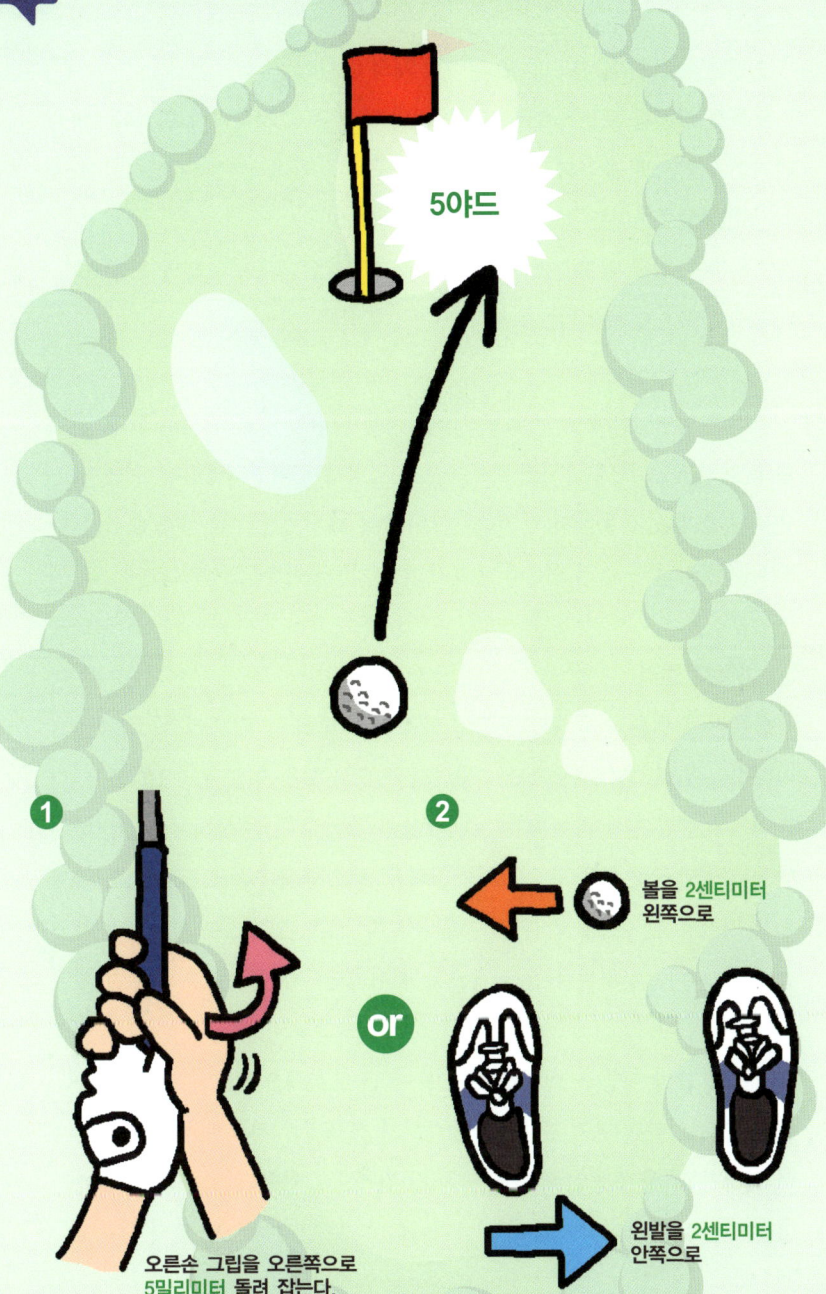

② 오른쪽으로 10야드 정도 휘어질 때의 대처법

오른손 그립을 오른쪽으로 10밀리미터 돌린 후 고정하거나 왼발을 4센티미터 안쪽으로 옮긴다.

③ 왼쪽으로 5야드 정도 휘어질 때의 대처법

오른손 그립을 왼쪽으로 3밀리미터 돌린 후 고정하거나 왼발을 2센티미터 바깥쪽으로 옮긴다(그림 2).

이러한 대처법은 볼을 스위트 에어리어에 맞히는 것을 전제로 한다. 볼을 지나치게 토 쪽에 맞히면 오른쪽으로 엄청나게 휘어져버린다. 이는 처음부터 스윙을 잘못해서 생기는 일로, 즉석 대처법으로 조정할 수 있는 한계를 벗어난다. 스윙 연습을 반복하며 고치는 수밖에 도리가 없다.

● 과학적 원리

오른손 그립을 이동시키면 볼이 날아가는 방향은 왜 바뀔까? 그것을 이해하기 위해 그림 3처럼 오른손을 오른쪽으로 있는 힘껏(손이 아플 정도로) 돌려 고정해본다(1-3에서 살펴본 제1타 조정법의 복습이다). 이 상태에서 스윙하면 비틀었던 오른손은 도중에 자연스럽게 풀려 중심 위치로 돌아오고, 그립은 저절로 왼쪽으로 회전한다. 따라서 페이스도 왼쪽으로 회전하며 볼을 치게 된다. 그 결과 볼은 왼쪽으로 휘어지면서 오른쪽으로 치우친 궤도를 수정한다.

이어서 볼의 이동을 살펴보겠다. 볼이 핀 오른쪽으로 자주 휘면 볼을 왼발 쪽으로 약간 옮겨 둔다. 그럼 헤드가 볼을 치기까지의 시간이 약간 더 걸리며 그 시간 동안 페이스는 좀 더 왼쪽으로 향한다. 그림 4는 시간에 따른 헤드의 위치와 페이스의 기울기이다. 다시 말해 헤드와 볼의 임팩트

시간이 늦어질수록 페이스는 왼쪽으로 향한다고 할 수 있다. 이런 원리를 이용하여 볼이 왼쪽으로 향하도록 수정할 수 있다(그림 4).

프로 골퍼는 지금까지 설명한 비법을 썩 좋다고 여기지 않을 것이다. 프로 골퍼는 스윙을 자유자재로 할 수 있다. 그러니 '볼이 핀에서 오른쪽으로 5야드 정도 벗어날 것'이라고 판단하면 스윙 궤도를 약간 크게 하고 강하게 치기만 하면 된다. 프로 골퍼는 운동신경을 백 퍼센트 활용할 수 있다. 대뇌가 운동을 명령하고 소뇌가 운동신경을 조절하는 유기적인 시스템을 잘 갖추고 있기 때문이다. 하지만 아마추어 골퍼는 프로 골퍼처럼 운동신경을 제어하는 능력이 떨어진다. 아마추어니까 당연하다. 운동신경에 너무 기대하지 말자. '기계적', '역학적' 대처법도 훌륭하다. 오른손 그립 쥐기, 발 위치 옮기기는 프로가 아니더라도 할 수 있다.

비법 정리

> 우드의 방향성을 조정하기 위해서는 오른손 그립을 돌리거나 왼발을 이동한다. '볼이 오른쪽으로 5야드 벗어날 것'이라고 판단되면 오른손 그립을 오른쪽으로 5밀리미터 돌려 고정하거나 왼발을 안쪽으로 이동하라.

제2장 페어웨이 우드의 비법

그림 3 오른손 그립을 오른쪽으로 돌려 고정하는 이유

왼쪽으로 회전

오른손 그립을 힘껏 비튼다
→ 헤드는 자연스럽게 왼쪽으로 회전

그림 4 시간에 따른 헤드의 위치와 페이스의 기울기

왼발을 안쪽으로 이동시킨다.

2-3 3번 우드를 두 자루 준비하라

비법의 핵심

페어웨이에서는 헤드가 얇은 3번 우드를 사용하고, 러프에 볼이 떠 있을 때는 헤드가 두꺼운 3번 우드를 사용한다.

◯ 비법 공개

잔디가 깔끔하게 손질되어 있는 페어웨이 또는 겨울에 잔디가 누렇게 말라죽은 페어웨이에서는 볼이 단단한 지면에 놓여 있다고 여기고 쳐야 한다. 이런 상태가 아마추어 골퍼에게는 가장 어렵다. 지면을 치지 않도록 스윙해야 하는데, 거기에 신경을 쓰다 보면 볼을 띄우지 못하기 일쑤다.

볼을 최대한 높이 띄우려면 어떤 우드로 쳐야 할까? 정답은 바로 헤드가 얇은 우드이다. 그림 1의 아래 그림처럼 헤드가 얇은 우드의 무게중심은 볼의 무게중심보다 낮다. 따라서 헤드가 얇은 우드로 볼을 치면 볼을 높이 띄울 수 있다.

그런데 여기에 예상치 못한 함정이 도사리고 있다. 바로 러프이다. 러프에서는 보통 볼이 잔디 위에 떠 있게 된다. 이런 경우 헤드가 얇은 우드를 사용하면 헤드가 볼 밑으로 파고들어 볼을 맞히지 못한다. 마치 '다루마오토시' 놀이(나뭇조각을 쌓고 밑에서부터 나무망치로 쳐서 하나씩 빼내는 일본 전통 놀이-역주)처럼 말이다(그림 2). 따라서 이때는 헤드가 두꺼운 우드를 사용하는 편이 좋다.

그래서 필자는 3번 우드를, 헤드가 두꺼운 것과 얇은 것, 각각 한 자루

제2장 페어웨이 우드의 비법

 그림 1 헤드가 얇은 우드로 볼을 치면 볼을 띄울 수 있다

헤드가 두꺼운 우드

헤드가 두꺼운 우드의 무게중심은 볼의 무게중심보다 높기 때문에 볼을 잘 띄울 수 없다.

헤드가 얇은 우드

헤드가 얇은 우드의 무게중심은 볼의 무게중심보다 낮기 때문에 볼을 잘 띄울 수 있다.

씩 가지고 다닌다.

　헤드가 두꺼운 3번 우드는 러프에 볼이 떠 있을 때뿐 아니라, 비가 내린 후 부드러운 페어웨이에서, 잔디가 부드러운 하천지역이나 배수가 잘 안 되는 산림지대에서도 사용하면 좋다.

　발로 지면을 밟았을 때 물이 흠뻑 배어나오는 장소는 워터 해저드 water hazard 로 간주하여 지면이 단단한 곳으로 볼을 옮길 수 있다. 그런데 물이 배어나오지도 않으면서 지반은 부드러운 곳이 골칫거리이다. 이때 헤드가 두꺼운 우드를 사용하면 헤드가 지면에 파고드는 것을 신경 쓰지 않고 임팩트할 수 있다.

● 과학적 원리

　그림 3처럼 잔디가 짧은 페어웨이에서는 볼의 무게중심보다 우드의 무게중심이 높다. 예를 들어 드라이버를 살펴보면 헤드가 커서 무게중심이 위에 있다는 것을 알 수 있다. 이런 드라이버로 볼을 치면 볼을 띄우지 못한다. 왜일까?

　볼의 무게중심이 우드의 무게중심보다 낮으면 그림 3처럼 스위트 스폿 아래에서 볼이 임팩트된다. 이때 왼쪽으로 회전하는 힘의 모멘트가 헤드에 작용한다. 따라서 페이스는 왼쪽으로 회전하고 볼은 아랫부분에 맞고 튀어나간다.

　헤드가 얇은 우드를 사용하면 이런 현상이 일어나지 않는다. 헤드의 무게중심이 볼의 무게중심보다 낮아지기 때문에 스위트 스폿에 맞혀 임팩트할 수 있다. 미국에서는 볼의 지름보다 얇은 우드도 구할 수 있다. 어떤 장소에서든 헤드의 무게중심이 볼의 무게중심보다 낮기만 하면 볼을 띄울 수 있다.

제2장 페어웨이 우드의 비법

그림 2 헤드가 얇은 우드의 단점

헤드가 볼 밑으로 파고들어 볼을 맞히지 못한다.

볼이 잔디 위에 떠 있을 때 헤드가 얇은 우드로 치면 헤드가 볼 밑으로 파고든다.

다루마오토시 놀이

주의해야 할 점은 헤드가 볼 밑으로 파고드는 현상이다. 따라서 헤드가 두꺼운 3번 우드를 하나 더 가지고 다니는 것이 좋다.

우드를 일부러 두 자루나 갖고 다니는 번거로움을 없애기 위해 클럽 제조사에서 특별히 연구해서 내놓은 제품이 있다. 헤드가 볼 밑으로 파고들어 볼을 맞히지 못하는 일이 없도록 헤드가 두꺼우면서도 무게중심이 낮은 클럽이다.

요즘 각 제조사는 '저중심'이라는 말을 부각하여 클럽을 광고한다(사진). '저중심 우드'의 헤드 아래쪽이나 옆쪽에 나사나 추가 붙어 있는 것을 본 적이 있을 것이다. 무게중심을 최대한 낮추기 위해 달아놓은 것이다(자세한 사항은 5-4 참조).

'저중심 우드'의 효과는 분명하지만 한계는 있다. 추를 달아놓는다고 해서 볼을 저절로 띄울 수는 없다. 왜일까?

페어웨이 우드로 볼을 띄우기 위해서는 어느 정도 힘이 필요하기 때문이다. 아무리 무게중심이 낮은 우드를 사용할지라도 강력하게 치지 않는 이상 볼을 밀어 올리는 힘은 생기지 않는다.

비법 정리

잔디가 짧은 페어웨이에서는 헤드가 얇은 우드, 잔디가 긴 러프에서는 헤드가 두꺼운 우드를 사용하며, 이 두 자루를 모두 가지고 다닌다. 잔디가 상당히 길 경우에는 드라이버로 과감하게 친다.

제2장 페어웨이 우드의 비법

그림 3 볼이 뜨지 않는 이유

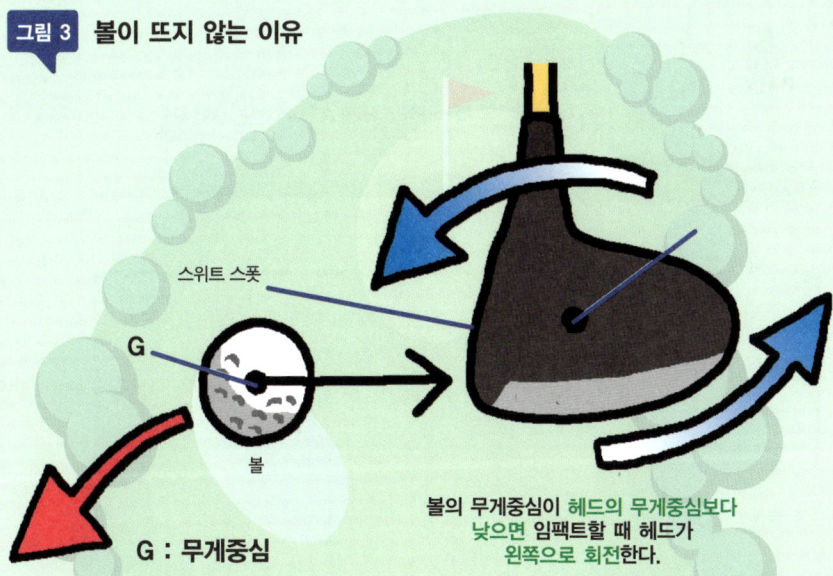

볼의 무게중심이 헤드의 무게중심보다 낮으면 임팩트할 때 헤드가 왼쪽으로 회전한다.

G : 무게중심

사진 저중심 우드

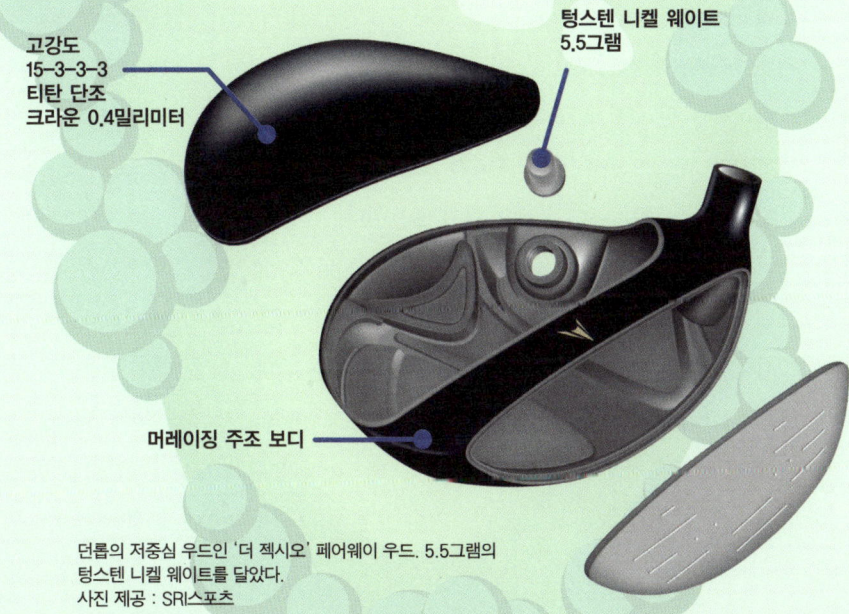

던롭의 저중심 우드인 '더 젝시오' 페어웨이 우드. 5.5그램의 텅스텐 니켈 웨이트를 달았다.
사진 제공 : SRI스포츠

2-4 왼발 내리막, 왼발 오르막 경사에서 치는 비법

비법의 핵심

왼발 내리막 경사에서는 볼을 오른쪽에 두고 몸을 왼쪽으로 향하고 친다. 그러면 볼이 똑바로 날아간다. 왼발 오르막 경사에서는 이와 반대로 볼을 왼쪽에 두고 몸을 오른쪽으로 향하고 친다.

◯ 비법 공개

왼발 내리막 경사에서는 경사진 면에 수직으로 서도록 노력해야 한다. 쉬워 보이지만 결코 완벽하게 설 수는 없다. 몸을 경사면에 수직으로 세울 수 없는데다 그림 1처럼 오른쪽의 경사면이 더 높기 때문에 헤드가 일찍 지면에 닿는다. 이것이 경사면에서 더프가 생기는 원인이다.

더프를 방지하기 위해서는 볼을 오른쪽에 두는 것이 좋다. 헤드가 일찍 지면에 닿기 때문에 그만큼 볼을 오른쪽에 두어 볼을 일찍 맞혀야 한다.

그러나 이런 식으로 볼을 잘 맞혔다 하더라도 볼은 오른쪽으로 휘어져 날아간다. 헤드가 볼을 일찍 쳐내기 때문에 페이스가 제 위치까지 충분히 돌아가지 않고 오른쪽으로 오픈되기 때문이다.

이를 방지하기 위한 가장 쉬운 방법은 몸을 왼쪽으로 향하거나 오른손 그립을 오른쪽으로 돌려 고정하는 것이다.

왼발 오르막 경사에서는 이 방법을 반대로 하면 된다(그림 2). 다시 말해 볼을 약간 왼쪽에 둔다(왼발 앞에서 약간 왼쪽). 그러면 헤드가 약간 늦게 볼에 닿기 때문에 헤드 페이스가 왼쪽으로 향하고 볼은 왼쪽으로 날아간다. 따라서 몸을 조금 오른쪽으로 향하거나 오른손 그립을 왼쪽으로 돌리고

그림 1 **왼발 내리막 경사의 대처법**

그림 2 **왼발 오르막 경사의 대처법**

왼발 내리막 경사의 대처법과 반대로 실시한다.

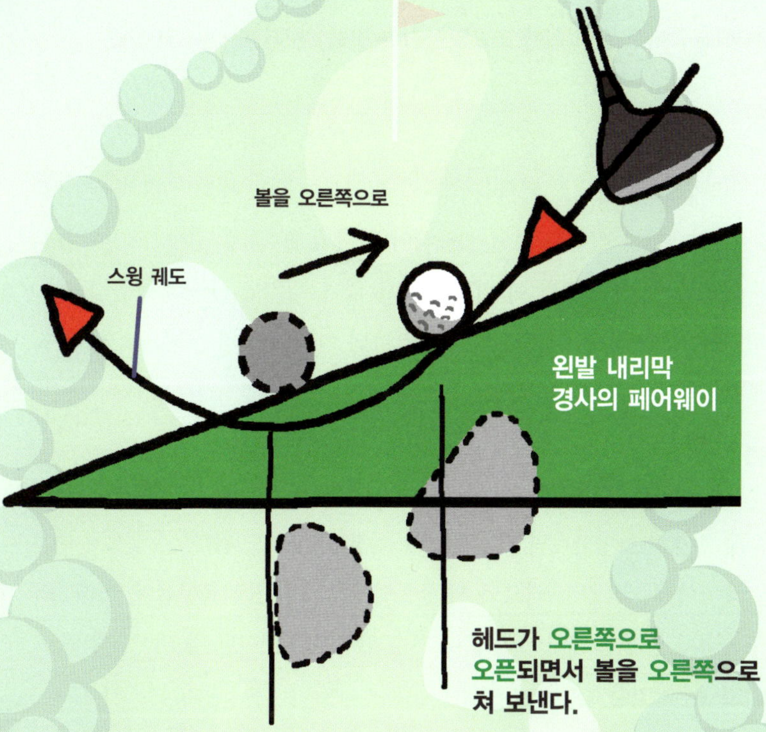

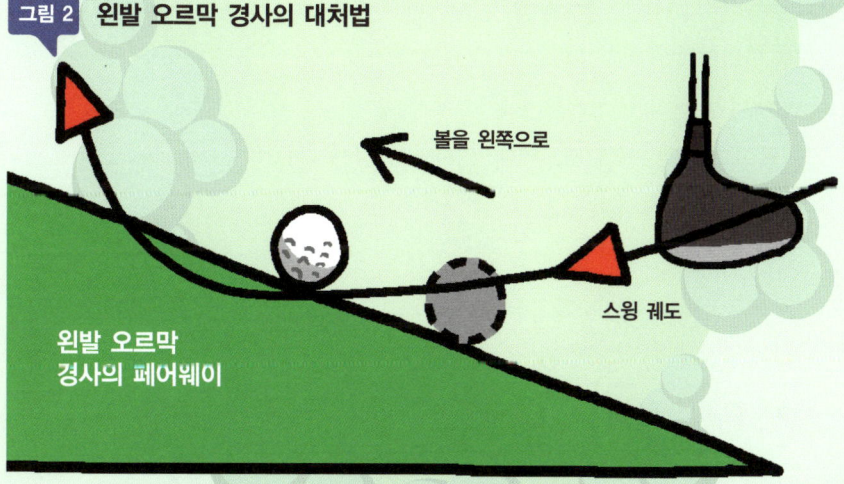

가볍게 쥐어서 볼이 왼쪽으로 날아가는 것을 방지한다.

◯ 과학적 원리

　이 비법에 사용되는 역학을 익히기 위해서는 왼발 내리막 경사에서 더프가 발생하는 이유를 먼저 이해해야 한다. 그림 3처럼 경사면에 완전히 수직으로 설 수 있다면 이 비법은 필요 없다. 하지만 아무리 운동능력이 뛰어난 사람이라도 서커스 연기자가 아닌 이상 완전히 수직으로 서기는 불가능하다. 특히 경사각도가 7°이상이면 서커스 연기자라도 똑바로 서기 어렵다.

　그럼 그림 3을 다시 한 번 살펴보겠다. 골퍼가 경사면에 수직으로 서서 원을 그리며 스윙한다면 더프가 생길 걱정은 안 해도 된다.

　하지만 실제로는 수직으로 서지 못하므로 a만큼 기울어진다. 이때 스윙 반지름을 R이라고 하면 볼이 기준 위치에서 벗어난 정도는 대략 Ra라고 할 수 있다.

　다시 말해 스윙의 반지름이 클수록, 경사면의 기울기가 클수록 더프가 날 가능성도 커진다. 헤드를 볼에 잘 맞히기 위해서는 그림 1처럼 볼의 위치를 바꿔야 한다.

　필자의 경우 스윙 반지름(실제 스윙 반지름을 경사면과 만나는 수직면에 투영한 것) R이 140센티미터 정도인데, 경사면의 경사각이 10°(0.17라디안)라면 다음과 같은 값을 얻을 수 있다.

$$Ra = 140\text{cm} \times 0.17\text{rad} = 23.8\text{cm}$$

　스윙을 하면 볼에서 약 24센티미터나 떨어진 곳에 헤드가 닿기 때문에

제2장 페어웨이 우드의 비법

그림 3 스탠스를 약간 왼쪽으로 향한다

경사면에 수직으로 서는 스탠스
a만큼 기울여서 선다
→ Ra만큼 기준 위치에서 벗어남
R은 스윙 반지름

볼을 약 24센티미터 오른쪽에 두어야 한다. 터무니없이 넓은 수치이다.

그러나 사람은 실제로 경사면에 섰을 때 어떻게 해서든 경사면에 수직으로 서려고 노력하기 때문에 a는 훨씬 작아질 것이다. 균형을 잃지 않을 정도로 몸을 기울이면 이 거리는 반 정도, 즉 12센티미터까지 줄일 수 있다. 그렇더라도 다소 넓은 거리이다. 결국에는 볼을 오른쪽으로 과감히 넓게 벌려 두고 칠 수밖에 없다는 의미이다.

비법 정리

왼발 내리막 경사에서는 균형을 잃지 않는 선에서 경사면에 수직으로 서도록 노력한다. 그리고 볼을 오른쪽으로 과감히 넓게 벌려 두고 친다. 이때는 볼이 오른쪽으로 날아가는 경향이 생기기 때문에 몸을 왼쪽으로 향하고 쳐야 한다.

2-5 발끝 오르막, 발끝 내리막 경사에서 치는 비법

> **비법의 핵심**
>
> 발끝 오르막 경사에서는 스탠스stance를 왼쪽으로 향한다. 다른 골프 지도서들에 나오는 설명과는 반대되는 비법이다.

◯ 비법 공개

볼이 굴러갈 정도로 경사가 심한 발끝 오르막 경사면에서 볼을 친다면 볼은 그림 1처럼 왼쪽으로 날아간다. 그래서 다른 골프 지도서에서는 대부분 '발끝 오르막 경사에서 스윙하면 볼이 왼쪽으로 날아가기 때문에 스탠스를 오른쪽으로 향해야 한다'고 가르친다.

하지만 이것은 정확한 설명이 아니다. 일반적으로 발끝 오르막 경사라 하더라도 경사도는 그다지 심하지 않다. 기껏해야 5~15°에 불과하다. 상승각 30°로 볼을 띄울 수 있는 클럽으로 10°의 경사면에서 볼을 친다면 방향은 과연 얼마나 흐트러질까? 공대 3학년생 정도라면 누구나 답할 수 있다. 답은 '왼쪽으로 5.6°'이다.

수치가 꽤 큰 것 같지만 사실 그렇지 않다. 시계의 긴바늘이 12시를 가리킬 때의 방향을 비구선 방향이라고 하면, 5분이 30°에 해당하고 1분은 6°에 해당하기 때문에 5.6°는 긴바늘이 겨우 56초 전을 가리키는 방향이다(그림 2). 방향이 이 정도 틀어진다면 아마추어 골퍼라면 무시해도 좋다. 겨우 56초만큼 왼쪽으로 휘어지는 것에 대비한다고 오른쪽으로 몸을 튼다면 오히려 커다란 미스가 날 수 있다.

그래서 아마추어 골퍼는 발끝 오르막 경사면을 신경 쓰지 말고 볼을 똑

제2장 페어웨이 우드의 비법

그림 1 발끝 오르막 경사에서는 어떻게?

발끝 오르막 경사에서 볼은 왼쪽으로 날아가는가?

비구선

그림 2 방향이 흐트러지는 정도

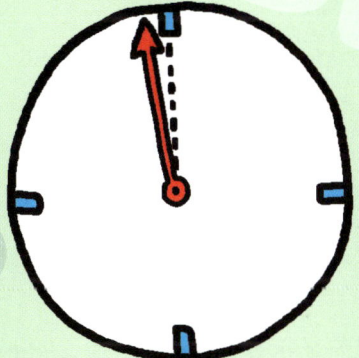

11시 59분 4초일 때
긴바늘의 방향

바로 쳐야 한다. 아니, 아예 왼쪽으로 몸을 향하는 것이 좋다. 그 이유는 다음과 같다.

발끝 오르막 경사면에서는 볼의 위치가 발의 위치보다 약간 높다. 그러면 헤드가 최저점에 이르기 전에 볼에 닿는다. 헤드가 최저점에 도달하지 않으면 헤드 페이스는 오른쪽으로 오픈된다. 이 순간 임팩트하면 볼은 오른쪽으로 날아간다. 이를 방지하기 위해서는 스탠스를 왼쪽으로 향해야 한다.

과학적 원리

그림 3처럼 비구선 방향에 z축을 잡고, 경사면이 없다고 가정했을 때 지면에 평행하고 비구선에 수직인 방향에 x축을 잡는다. y축은 z축 및 x축과 수직이다. 그러면 상승각 a로 날아오른 볼의 운동방향은 다음과 같다.

x방향 0
y방향 $\sin a$
z방향 $\cos a$

지면에 경사가 있다면 x방향으로 θ만큼 기울어진다. 같은 조건에서 친 볼의 속도성분은 각각 어떻게 다를까? 이것은 '회전행렬'을 이용하여 계산할 수 있다.

여기서 관심의 초점은 볼이 휘어지는 방향, 즉 x방향이다. 다음 식을 통해 왼쪽으로 휘어지는 각도의 근삿값을 얻을 수 있다.

휘어지는 각도 = $\tan a \sin \theta$

그림 3   볼이 옆으로 휘어지는 각도를 구하는 법

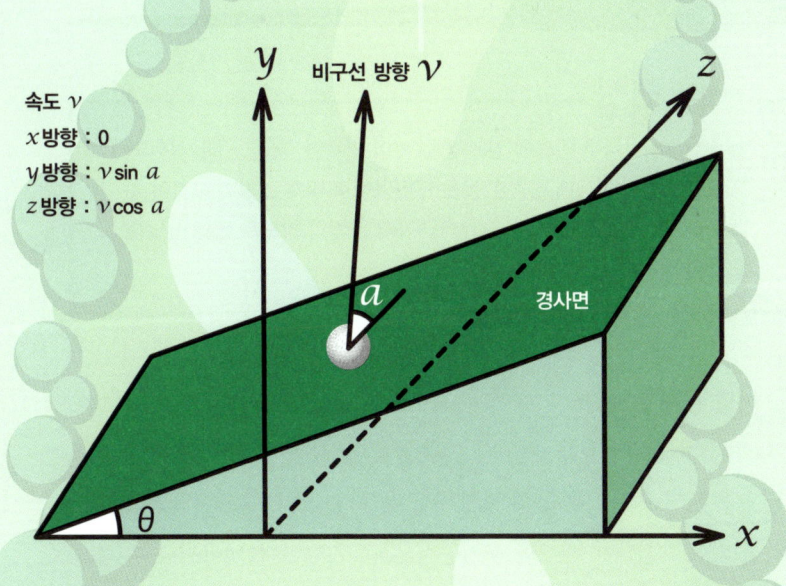

상승각 30°로 볼을 띄울 수 있는 클럽으로 10°의 경사면에서 볼을 쳤을 때, 위 식에 $a=30°$, $\theta=10°$를 대입하면 휘어지는 각도를 계산할 수 있다.

비법 정리

발끝 오르막 경사에서는 오히려 몸을 왼쪽으로 향하고 친다. 발끝 내리막 경사에서는 그 반대이다. 이때 발끝 오르막 경사에서는 볼이 오른쪽으로 휘어지고, 발끝 내리막 경사에서는 볼이 왼쪽으로 휘어진다는 사실을 잊지 말라.

2-6 나무 아래에서 멈춘 볼은 드라이버로 친다

비법의 핵심

페어웨이에서 나무 아래에 있는 볼을 높이 띄우면 나뭇가지에 걸린다. 그러므로 나무 아래에서 멈춘 볼은 드라이버로 작게 스윙하는 것이 좋다. 상승각은 5° 정도로 한다(그림 1). 이때 그립의 강도로 볼의 높낮이를 조절한다.

● 비법 공개

나무가 방해되어 볼을 높이 띄울 수 없을 때 사용하는 비법을 설명하겠다. 스윙은 되도록 어깨 높이 정도에서 한다. 그러면 그림 2처럼 임팩트할 때 볼의 무게중심이 헤드의 무게중심(스위트 스폿)보다 낮아진다. 이렇게 임팩트하면 헤드에는 왼쪽으로 회전하는 힘의 모멘트가 작용하고 헤드는 왼쪽으로 회전한다. 따라서 임팩트 순간 페이스는 아래로 향하고 볼은 낮게 깔려 날아간다.

이렇게 하면 나뭇가지를 피하면서 볼을 페어웨이로 보낼 수 있다. 그리고 드라이버로 치기 때문에 비거리도 길다. 나뭇가지가 낮게 드리워져 있어서 볼이 빠져나갈 틈이 거의 없을 때는 허리 높이 아래로 볼을 깔아 쳐야 한다. 하지만 볼이 잔디에 깊숙이 빠졌을 때는 낮게 깔아 치기 어렵기 때문에 적당히 위로 올려 쳐야 한다.

이때는 드라이버로 볼 아랫부분을 겨냥하고 가볍게 친다. 나뭇가지와 지면 사이의 높이가 5미터 이상이면 볼을 좀 더 띄워도 괜찮다. 이를 위해서는 드라이버의 헤드를 과감히 볼 아래쪽 지면을 겨냥하여 강하게 친

제2장 페어웨이 우드의 비법

> **그림 1** 방해되는 나뭇가지가 있을 때

나뭇가지가 방해되어 칠 수 없다.
→ 5° 정도의 상승각으로 친다(너무 높이 치지 않는다).
→ 드라이버로 친다.

다. 이때 그립을 꽉 쥐는 것이 중요하다. 여기서 일부러 드라이버를 사용하는 이유는 볼을 높이 띄우지 않으면서도 비거리를 늘리기 위해서이다. 잘만 치면 130야드나 보낼 수 있고 나무 아래에서도 투 온$^{two\ on}$(2타로 볼을 그린에 올려놓음) 할 수 있다(파4홀일 때).

⚪ 과학적 원리

드라이버로 볼을 약간 높이 띄울 때는 그립을 강하게 쥐어야 한다. 헤드가 왼쪽으로 회전하지 않게 그립을 힘껏 쥐어야 페이스가 아래로 향하는 현상을 조금이라도 억제할 수 있기 때문이다.

그립을 약하게 쥐면 힘의 모멘트를 감당할 수 없다. 그립을 강하게 쥐지 못할 때를 대비하여 특별한 방법을 고안해두어야 한다. 그 비장의 기술은 오른손 그립을 미리 왼쪽으로 크게 돌려 고정해두는 것이다. 이러면 임팩트 순간에 팔과 오른손목이 원래 위치로 돌아가면서 오른손 그립도 오른쪽으로 돌아간다. 즉 페이스가 아래로 기우는 것을 방지할 수 있다. 이렇게 하면 지면에서 볼을 5~10미터 띄워서 칠 수 있다.

비법 정리

나무 아래로 볼이 굴러갔을 때 나뭇가지 때문에 치기 어렵다고 포기하지 말라. 그린만 보인다면 드라이버로 볼을 그린에 올려놓는 것은 어렵지 않다. 윗부분에 볼이 통과할 만한 빈틈이 작으면 잔디에 걸리지 않을 정도로 낮게 깔아 친다. 드라이버로 볼을 부드럽게 겨냥하여 허리 높이에서 스윙한다. 나뭇가지와 지면 사이의 높이가 5~10미터일 때는 볼의 높이를 5미터 정도까지 띄우고 칠 수 있다. 볼을 약간 높이 띄우려면 그립을 강하게 쥐거나 오른손 그립을 왼쪽으로 힘껏 돌려 고정하면 된다.

제2장 페어웨이 우드의 비법

그림 2 작게 스윙한다

드라이버 헤드는 왼쪽으로 회전하므로 볼은 뜨지 않는다.

2-7 깊은 잔디에 빠진 볼은 V자형 스윙으로 친다

비법의 핵심

잔디에 깊숙이 빠진 볼을 스윙하면 클럽 헤드가 임팩트되기 전에 잔디에 가로막혀 힘을 빼앗기므로 비거리가 짧아진다. 그러므로 그림 2처럼 V자형으로 스윙해야 이러한 현상을 줄일 수 있다. 또 힘의 손실을 막기 위해서는 우드보다는 아이언으로 치는 편이 좋다.

● 비법 공개

볼의 반 정도가 잔디 속에 빠져 있을 때 치는 방법을 설명하겠다. 여름철에 잔디가 빳빳할 때, 봄에 새싹이 돋아날 때, 비가 내린 후 잔디가 젖어 저항이 커졌을 때 평상시처럼 볼을 치다가는 그림 1처럼 헤드가 임팩트하기 전에 잔디 사이를 통과하면서 힘을 많이 잃어버린다.

힘의 손실은 생각보다 커서 평소 비거리의 반 정도밖에 날아가지 못한다. 1~2타를 이렇게 손해 볼 수도 있다.

해결 방법은 평소처럼 U자형으로 스윙하지 않고 과감하게 V자형으로 스윙하는 것이다(이미 2-1에서 다루었음). 그림 2처럼 V자형으로 스윙할 때는 헤드가 급격히 하강하기 때문에 잔디 부분을 통과하는 거리가 짧고, 그만큼 잔디에 빼앗기는 힘이 적어진다. 다만 V자형 스윙을 잘해야 한다는 문제가 있으며, 이는 연습을 통해 익힐 수밖에 없다. V자형 스윙은 흔히 '칼로 무 베듯이 내려친다'고 표현한다.

제2장 페어웨이 우드의 비법

그림 1 U자형 스윙

아이언을 사용해 U자형으로 스윙하면
잔디에 가로막혀 힘을 빼앗긴다.

그림 2 V자형 스윙

칼로 무 베듯이 내려친다.

◯ 과학적 원리

평소에 자주 하는 U자형 스윙과 여기서 설명한 V자형 스윙의 차이는 그림 1, 그림 2를 보면 알 수 있다. V자형으로 스윙할 때는 헤드가 잔디 부분을 통과하는 거리가 짧다. 따라서 V자형으로 스윙할 때 힘의 손실이 적고 비거리가 길어진다. 완벽하게 V자형으로 스윙했을 때의 비거리는 잔디가 짧게 다듬어진 페어웨이에서 쳤을 때 나오는 비거리의 90% 정도이다.

하지만 V자형으로 스윙할 때는 오른손에 힘이 들어가기 마련이다. 이 때문에 볼은 왼쪽으로 휘어버린다. 이것이 생각지도 못한 미스를 범하게 되는 이유이다.

헤드는 빠른 속도로 잔디에 꽂히기 때문에 헤드의 토 쪽이 먼저 잔디에 들어간다. 이러면 헤드는 오른쪽으로 회전하고 볼은 오른쪽으로 날아간다(그림 3). 다시 말해 잔디가 무성한 러프에서는 비거리가 짧아질 뿐 아니라 방향도 나빠진다. V자형으로 스윙하면 비거리 단축을 방지할 수는 있지만 방향이 오른쪽이나 왼쪽으로 틀어져 부정확해진다. 처음부터 러프에 빠지지 않도록 세심한 주의를 기울이는 것이 상책이다.

러프에서 힘의 손실을 없앨 수 있는 중요한 해결책이 또 하나 있다. 아이언을 사용하는 것이다. 러프에 빠진 볼을 칠 때 아이언을 사용하는 것이 우드를 사용하는 것보다 힘의 손실이 적다.

그 이유는 클럽의 솔(바닥 부분) 형태가 서로 다르기 때문이다. 그림 4처럼 아이언의 솔은 얇고 우드의 솔은 두껍다. 보통 솔의 너비가 열 배 정도 차이 난다. 솔과 러프의 접촉 면적이 클수록 마찰도 커진다. 다시 말해 아이언은 우드에 비해 러프와의 접촉 면적이 매우 작으므로 러프에서는 우드보다 힘의 손실이 적다.

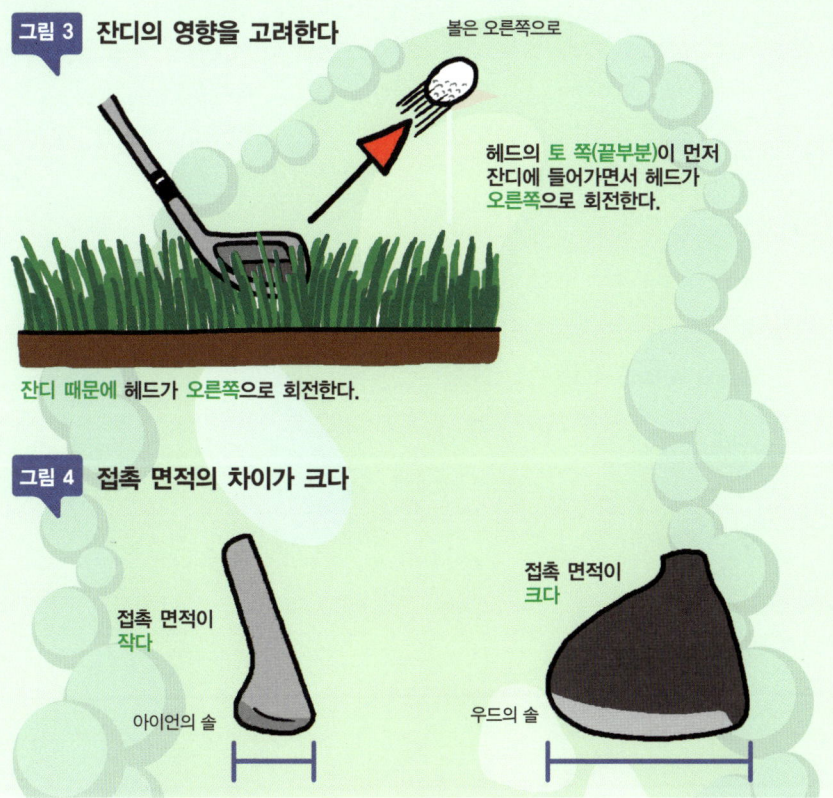

게다가 아이언 솔의 앞부분은 날카롭게 튀어나와 있어 잔디를 헤치며 볼을 치기에 적당하다. 잔디를 잘 헤치며 치면 그만큼 솔이 러프의 잔디에 닿는 부분이 작아져서 저항도 적어진다.

비법 정리

봄에서 가을까지 러프의 잔디는 뻣뻣하므로 클럽에 큰 저항을 주어 비거리가 짧아진다. 이런 현상을 개선하는 방법이 V자형 스윙이다. 아이언을 사용하는 것도 좋은 방법이다. 러프 샷을 할 때는 비거리뿐 아니라 방향에도 주의해야 한다.

제 3 장

아이언의 비법

3-1 아이언의 특성과 사용법

비법의 핵심

아이언은 아마추어 골퍼가 치기 까다로운 클럽이지만 필요할 땐 반드시 사용해야 한다. 다시 말하면, 우드로 칠 수 있는 볼을 굳이 아이언으로 칠 필요는 없다는 뜻이다. 꼭 갖춰야 할 아이언은 샌드웨지sand wedge, SW, 피칭웨지pitching wedge, PW, 9번·8번·7번 아이언이다. 어프로치 샷approach shot을 위한 페어웨이 웨지fairway wedge, FW, 어프로치 웨지approach wedge, AW 등을 추가하는 것도 좋다.

○ 비법 공개

많은 아마추어 골퍼가(때로는 일부 프로 골퍼도) '아이언이 우드보다 치기 쉽다'고 생각한다. 이것은 심각한 오해이다. 예를 들면 3번 우드와 5번 우드로 칠 수 있는 골퍼도 3번 아이언과 5번 아이언으로 치기는 매우 어렵기 때문이다. 그럼 아이언으로 치기가 왜 그렇게 어려울까? 그것은 아이언의 형태를 보면 알 수 있다(그림 1, 그림 2).

Ⓐ 페이스가 작다.
Ⓑ 헤드가 얇다.
Ⓒ 페이스와 넥neck 사이의 거리가 가깝다.

작고 얇기 때문에 아마추어 골퍼가 치기 쉽다는 생각은 오해이다. 분명히 '휘두르기는 쉽지만', 결코 '치기는 어렵다'. 문제는 헤드가 얇다는 사실이다. 헤드가 얇으면 그 무게중심은 페이스 가까이에 있기 때문에 스위

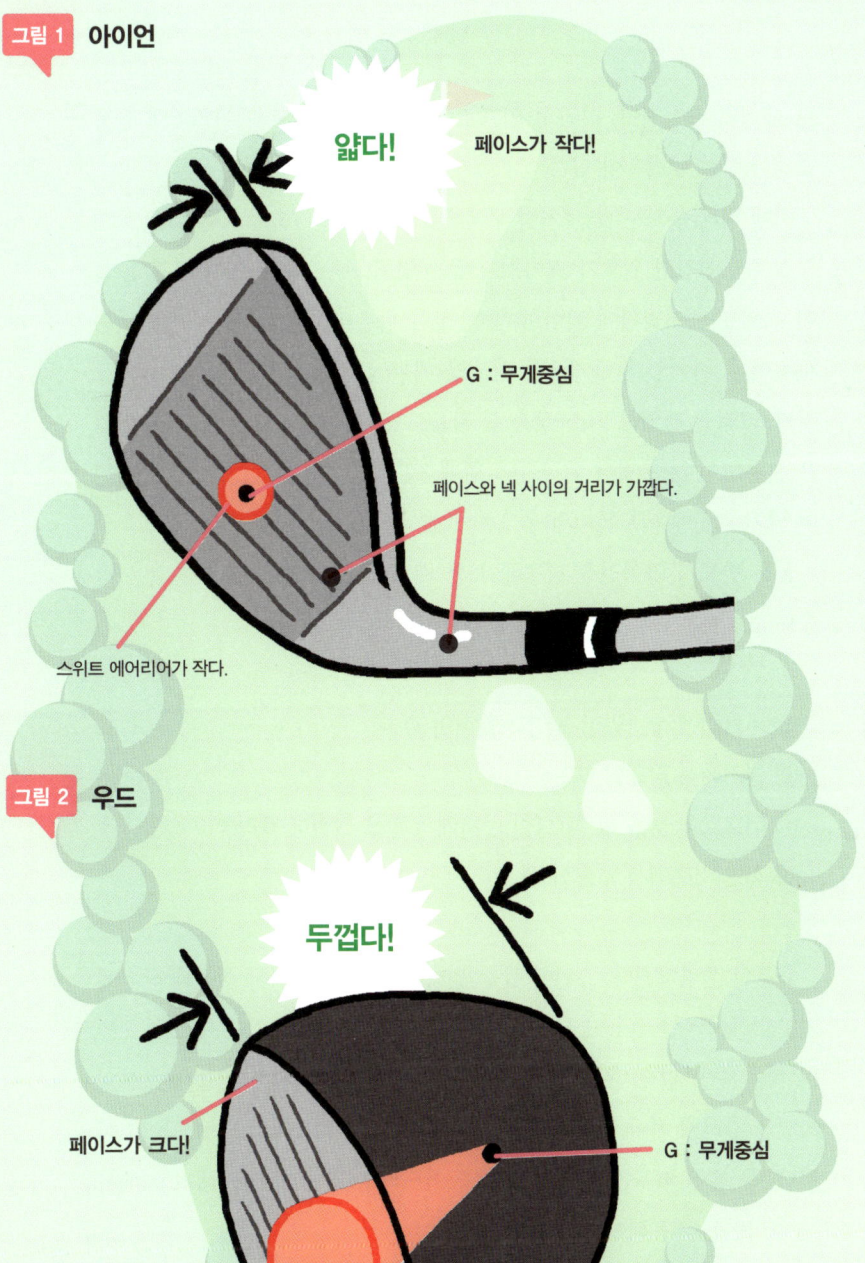

트 에어리어가 작다. 따라서 임팩트할 때 작은 스위트 에어리어에 볼을 맞혀야 하는 어려움이 있다.

이에 비해 우드는 그림 2처럼 무게중심이 페이스 깊숙한 곳에 있고 무게중심에서 연장한 원호가 페이스에 닿는 영역(스위트 에어리어)이 커진다. 볼이 스위트 에어리어에 맞아야 멋진 샷이 나온다는 것은 모두 알고 있는 사실이다. 아이언은 무게중심 심도가 매우 얕으므로 스위트 에어리어도 작다. 그러면 당연히 미스 샷을 칠 확률도 높다. 따라서 가능한 한 아이언을 사용하지 않는 것이 핵심이다. 현재 3번, 5번, 7번, 11번 우드가 출시되어 있기 때문에 되도록이면 우드를 구해서 사용하는 편이 좋다.

물론 반드시 아이언을 사용해야 할 때도 있다. 그것은 다음과 같은 경우다(그림 3).

- Ⓓ 비거리에 상관없이 높이 쳐올려야 할 때
- Ⓔ 벙커에서 탈출할 때
- Ⓕ 어프로치 샷을 할 때(그린 근처에서 볼을 그린에 올려놓고 싶을 때)
- Ⓖ 깊은 러프에서 탈출할 때

Ⓓ부터 설명하겠다. 그린에 볼을 올리고 딱 멈추게 하고 싶은데 중간에 연못, 시냇물, 언덕이 있으면 높이 띄워서 쳐야 한다. 그러나 우드로는 높이 띄울 수가 없다. 우드를 사용하여 높이 띄우기 위해서는 볼 뒷부분의 지면을 강하게 쳐야 하는데, 이렇게 강하게 치면 비거리가 너무 길어져버린다. 즉 높이 띄우는 샷으로 50~100야드의 거리에 볼을 보내기 위해서는 아이언을 사용해야 한다.

Ⓔ처럼 벙커를 탈출할 때는 샌드웨지를 사용하는 것이 상식이다. 그러

제3장 아이언의 비법

 아이언을 사용해야 할 때

Ⓐ 높이 쳐올려야 할 때

Ⓑ 벙커에서 탈출할 때

벙커

107

나 아마추어 골퍼는 벙커 탈출 연습에 들이는 시간이 매우 적기 때문에 샌드웨지를 사용할 기회가 별로 없다. 그래서 벙커 탈출에 어려움을 겪는 사람이 많다. 하지만 벙커 턱이 허리보다 낮은 벙커에서 어프로치 샷을 할 때는 벙커를 의식하지 않고 Ⓕ의 방식대로 치면 된다.

Ⓕ와 Ⓖ 같은 경우에는 보통 아이언을 사용한다. 왜냐하면 벙커나 러프에서는 비거리보다 잔기술이 더 중요하기 때문이다.

🟢 과학적 원리

여기에서는 무게중심 심도와 스위트 에어리어의 관계를 설명하겠다. 물론 그림 1, 그림 2처럼 무게중심이 어디에 있든지 볼이 무게중심에 맞기만 하면 아무런 문제가 없다. 하지만 보통은 무게중심에서 약간 벗어나기 마련이다. 벗어난 거리를 r이라고 한다.

$\mathcal{N} = rf$
힘의 모멘트 = 스위트 스폿에서 벗어난 거리 × 임팩트할 때 받는 힘의 크기

여기서 $\mathcal{N}$은 힘의 모멘트이고, f는 임팩트할 때 받는 힘의 크기다. 힘의 모멘트에 의해 헤드가 회전한다. 헤드가 회전하면 볼은 오른쪽이나 왼쪽으로 휘어져 날아간다.

이 회전의 각속도 변화량 $\Delta\omega$는 $\mathcal{N}$에 비례한다.

$\Delta\omega = \mathcal{N}\Delta t / I$
각속도 변화량 = 힘의 모멘트 × 임팩트 시간 / 관성모멘트

여기서 Δt는 임팩트 시간이고, I는 관성모멘트이다. 관성모멘트란 앞에서 설명했듯이 '회전이 잘 안 되는 정도'를 나타낸다.

그러면 I가 큰 우드가 회전이 작다는 사실을 알 수 있는데, 이때 '허용 회전각'이라는 개념이 나온다. 이 각도가 정해지면 페이스 위에서 볼이 닿는 것이 허용되는 범위, 즉 스위트 에어리어의 폭이 결정된다. 스위트 에어리어의 면적은 무게중심 심도의 제곱에 비례한다. 다시 말해 무게중심 심도가 깊을수록 미스가 적어진다.

비법 정리

아이언은 잔기술이 필요할 때만 사용한다. 특히 가까운 거리에 높이 띄워야 할 때 사용하면 좋다.

3-2 섕크를 극복하는 역학(1)

비법의 핵심

섕크shank란, 아이언으로 볼을 높이 띄우려고 했는데 볼이 엉뚱하게 오른쪽 아래로 힘없이 날아가버리는 미스 샷을 말한다. 섕크를 범하지 않으려면 톱볼을 치듯이 페이스의 아랫부분에 볼을 맞히면 된다.

● 비법 공개

섕크란 원래 샤프트와 헤드의 이음매 부분을 가리킨다. 이 부분은 보통 소켓socket, 넥neck이라고도 한다. 여기서 알 수 있듯이 원래는 '섕크(넥)에 맞았다'라고 말하는 것이 정확한 표현이다.

볼이 넥 주변에 맞으면 이음매의 금속에서 항력을 받아 오른쪽 아래로 날아가버린다(그림 1). 볼이 넥에 정면으로 맞지 않더라도 임팩트 순간에 볼이 약간 변형되어 볼 끝이 넥을 스쳐서 넥에서 항력을 받고 휘어져 날아간다면, 이것도 여지없는 섕크다. 더 안 좋은 현상은, 스위트 스폿에는 제대로 맞혔지만 금세 볼이 페이스면을 따라 넥까지 미끄러져 넥에 한 번 더 맞는 것이다. 손에서 순간적으로 충격을 두 번 느낀다면 이런 현상이 일어났다고 생각할 수 있다.

따라서 섕크를 내지 않는 비법은 실로 단순하다. 볼을 넥에 맞지 않도록 치는 것이다. '그렇게 당연한 말은 할 필요도 없잖아?' 이런 불만이 금방이라도 터져 나올 것 같은데, 사실 이것은 상당히 어렵다. '경험이 많을수록 섕크를 더 많이 낸다', '섕크를 내야 진정한 골퍼다'라는 말도 있다. 이건 또 왜 그럴까?

제3장 아이언의 비법

> **그림 1** 섕크란?

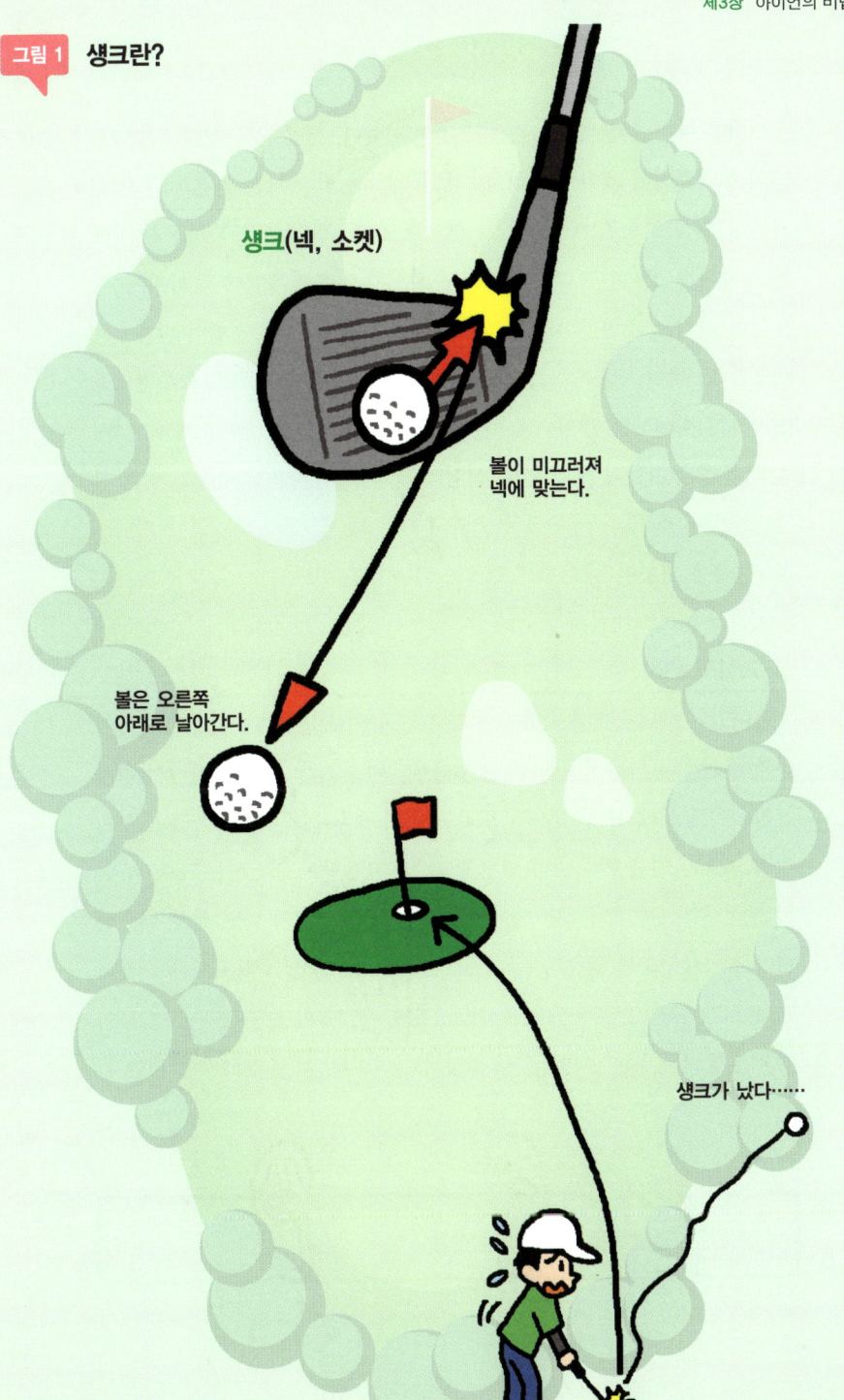

그것은 아이언의 스위트 스폿과 관계가 있다. 경험 많은 골퍼라면 아이언의 무게중심이 페이스의 한가운데가 아니라 힐 쪽으로 약간 치우쳐 있다는 사실을 본능적(?)으로 알고 있으므로 힐 쪽으로 약간 치우친 곳에 볼을 맞힌다(그림 2). 그래서 샤프트와 헤드의 이음매 부분에 볼이 맞을 가능성이 커지고 그만큼 생크가 더 잘 나는 것이다. 골프 경험이 많을수록 생크가 더 많이 나온다는 말이 생긴 것은 이 때문이다. 그러므로 생크를 방지하기 위해서는 페이스의 아랫부분에 볼을 맞혀야 한다(그림 3). 다시 말해 톱볼을 치듯이 샷을 한다. 그러면 볼이 넥에 치우쳐 맞아도 넥의 항력이 작용하지 않기 때문에 생크의 우려를 덜 수 있다. 자, 항상 기억하자. '톱볼을 치듯이 샷을 하면 생크는 없다.'

● 과학적 원리

아이언의 페이스에서 넥까지 주의 깊게 살펴보라. 그림 3처럼 넥이 아이언의 중간부터 위로 솟구쳐 올라 있음을 알 수 있을 것이다. 따라서 아이언의 아랫부분에 볼을 맞히면 넥의 영향이 적다. 주의해야 할 점은 아이언의 번호가 작을수록 넥의 영향을 덜 받는 경향이 커진다는 것이다. 다시 말해 3번, 4번, 5번, 6번 아이언으로 쳤을 때 생크가 나면 볼을 최대한 페이스 아랫부분에 맞혀라. 반대로 볼을 페이스 중간이나 윗부분에 맞히면 생크가 날 가능성이 커진다. 그림 3처럼 이음매의 돌출된 부분에 볼이 맞으면 항력의 방향이 비구선의 방향과 큰 차이가 나서 생크가 발생한다.

비법 정리

생크가 나면 톱볼을 치듯이 샷을 한다.

제3장 아이언의 비법

그림 2 경험 많은 골퍼는 힐 쪽으로 약간 치우친 곳에 볼을 맞힌다!

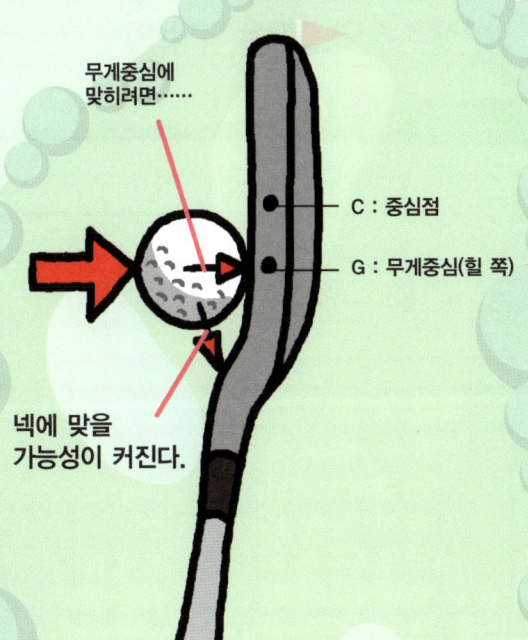

그림 3 샹크를 방지하는 방법

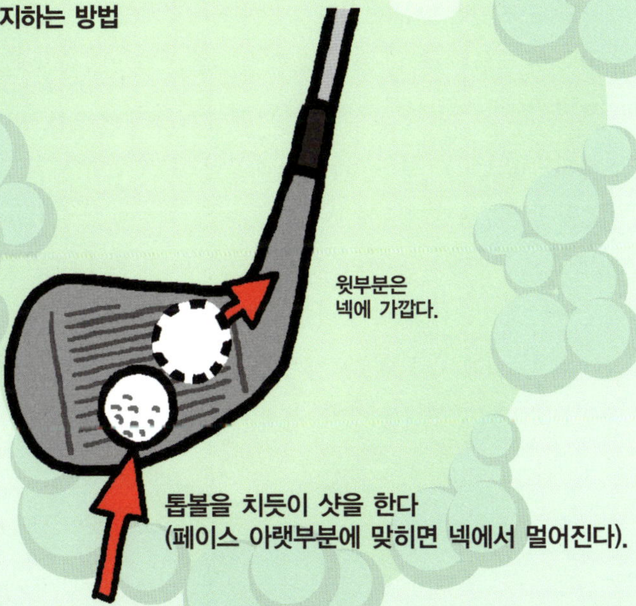

3-3 샌크를 극복하는 역학(2)

비법의 핵심

임팩트할 때 헤드가 움직이는 방향이 페이스의 방향과 평행하도록 스윙한다. 이를 위해서는 볼의 위치를 양발의 중간 지점(왼발 발꿈치 앞이 아님)에 두어야 한다.

● 비법 공개

헤드가 움직이는 방향이 페이스의 방향과 평행하지 않으면 볼이 넥 쪽으로 약간 미끄러진 후 항력을 받고 샌크가 난다. 그래서 임팩트 순간에는 그림 1처럼 헤드가 움직이는 방향이 페이스의 방향과 평행이 되도록 스윙해야 한다. 다시 말해 스윙 궤도가 페이스의 방향과 일치해야 한다.

이때 주의해야 할 점은 볼의 위치이다. 많은 골프 지도서에 나와 있는 것처럼 볼을 왼발 발꿈치 앞에 놓는다면 어떻게 될까? 그림 2를 보면 알 수 있듯이 대부분 페이스가 약간 왼쪽(클로즈)으로 기울어진다. 그러면 비구선 방향으로 스윙하고 임팩트했을 때 스윙의 방향이 페이스의 방향과 일치하지 않는다. 이 불일치가 볼이 미끄러지는 원인이다.

볼을 양발의 중간 지점에 두는 것이 포인트다(그림 3). 그러면 스윙 방향과 페이스의 방향이 일치하고 볼은 미끄러지지 않는다. 물론 볼이 페이스에서 미끄러지지 않게 하기 위해서는 부드럽고 약하게 치면 된다. 여성 골퍼가 부드럽게 치면 샌크는 생기지 않는다. 샌크가 많이 나서 고민하는 남성 골퍼는 여성 골퍼처럼 부드럽게 치는 연습을 하여 샌크를 방지할 수 있다.

제3장 아이언의 비법

그림 1 헤드가 움직이는 방향을 페이스의 방향과 평행하게 만든다

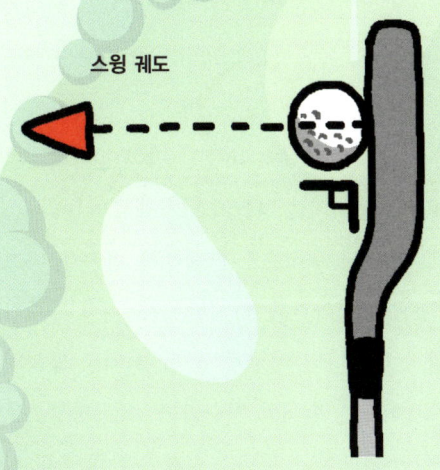

스윙 궤도

임팩트할 때
스윙 궤도와 페이스면이
직각을 이루어야 한다!

그림 2 페이스는 대부분 약간 왼쪽으로 기운다

페이스가
기운다

볼을 왼발 쪽에 두면
페이스가 기운 채로 임팩트된다.

◯ 과학적 원리

여기에서는 페이스 방향과 스윙 방향의 불일치에 대해 자세히 설명하겠다. 일반적으로 그림 4처럼 아이언의 목표선을 전방으로 향하고 스탠스를 취하면 페이스가 왼쪽으로 기울어진다. 이때 만들어지는 각도를 '페이스각$^{face\ angle}$'이라고 한다. 이 자세에서 그대로 비구선 방향으로 휘두르면 당연히 페이스의 방향과 헤드가 움직이는 방향이 일치하지 않는다.

볼이 임팩트될 때는 항상 페이스면에 수직으로 힘(항력)을 받는다. 따라서 볼은 그 힘이 작용하는 방향으로 날아간다. 하지만 그림 5처럼 헤드가 움직이는 방향이 항력의 방향과 다르다면 어떻게 될까? 이때도 항력의 방향은 페이스면과 수직이지만 헤드는 항력의 방향과는 다른 방향으로 움직이므로 볼을 회전시키는 힘이 발생한다. 따라서 볼을 양발의 중간 지점에 놓는 것이 중요하며(그림 3), 스탠스를 취할 때 페이스의 방향을 비구선 방향으로 잡아야 한다. 다시 말해 페이스각을 무시하는 것이다. 클럽의 목표선은 무시하고 페이스의 방향을 정확히 비구선 방향으로 잡는다. 스윙할 때는 몸통을 좌우로 흔들지 말고 스탠스를 그대로 고정한 자세로 가볍게 한다.

비법 정리

볼을 양발의 중간 지점에 두고 아이언의 페이스각을 무시하여 약간 오른쪽으로 오픈한 후, 페이스의 방향을 스윙 방향과 일치시킨다.

제3장 아이언의 비법

그림 3 볼을 양발의 중간 지점에 둔다

볼

볼을 양발의
중간 지점에 둔다.
왼발에 치우치면 안 된다.

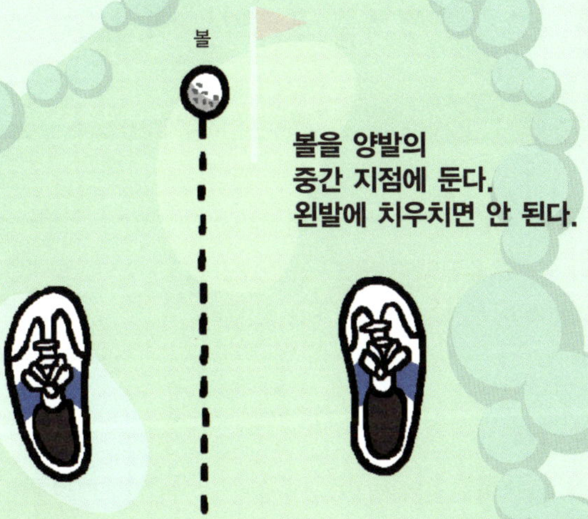

그림 4 아이언의 목표선을 전방으로 향하고 스탠스를 취하면……

그림 5 넥 쪽으로 미끄러지면 섕크가 나기 십상

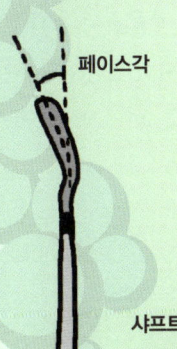

페이스각

샤프트의 목표선

페이스는 왼쪽으로 기울어진다.

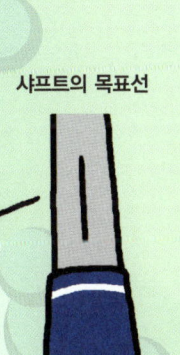

헤드가
움직이는 방향

항력의 방향

넥 쪽으로
미끄러짐

항력은 페이스면에
수직으로 작용한다.
볼은 넥 쪽으로 미끄러진다.

페이스의 방향과 헤드가
움직이는 방향이 일치하지 않는다!

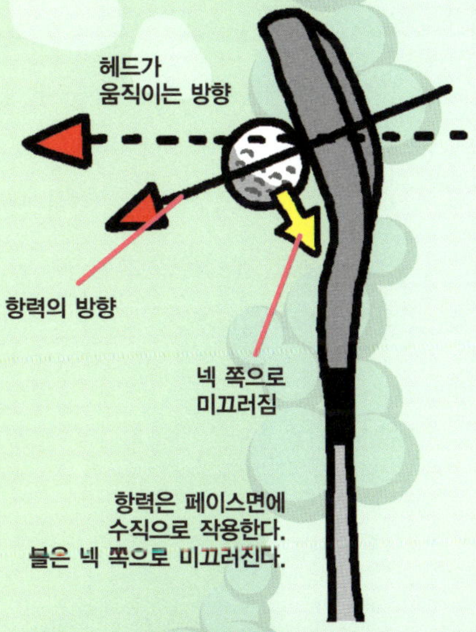

3-4 섕크를 극복하는 역학(3)

─ 비법의 **핵심** ─
가장 쉽지만 실패할 가능성이 높은 섕크 극복법이다. 이 비법은 볼을 아이언의 토 부분(끝부분)으로 치는 것이다.

🔵 비법 공개

섕크는 볼이 아이언의 넥 부분에 맞아 일어난다. 그렇다면 섕크를 내지 않기 위해서는 볼을 넥에서 멀리 떨어진 부분으로 치면 된다. 다시 말해 토 부분으로 치면 된다.

볼을 헤드의 가장 끝부분으로 쳐본다(그림 1). 그러면 볼이 페이스를 미끄러지더라도 넥까지는 가지 않으므로 모든 문제가 해결된다. 과연 그럴까? 그렇게 쉽게 얘기할 수만은 없다. 끝부분으로 치면 스위트 스폿에서 벗어나기 때문에 위에서 봤을 때 오른쪽으로 회전하는 힘이 작용한다. 페이스는 그림 1처럼 위에서 봤을 때 오른쪽으로 회전한다. 따라서 헤드는 오픈되고 볼은 오른쪽으로 날아간다(그림 2).

물론 볼이 오른쪽으로 날아가도 섕크라고는 할 수 없다. 볼이 높이 날아가기 때문이다.

그래서 이때 볼이 비구선 방향으로 날아가도록 하기 위해서는 스탠스를 약간 왼쪽으로 향하거나 왼발을 오른쪽으로 약간 옮기면 된다(그림 3).

🔵 과학적 원리

임팩트 시간 Δt 동안 페이스가 $\Delta \omega$만큼 회전한다고 하고, 위에서 봤을

제3장 아이언의 비법

그림 1 볼이 아이언의 끝부분에 맞으면……

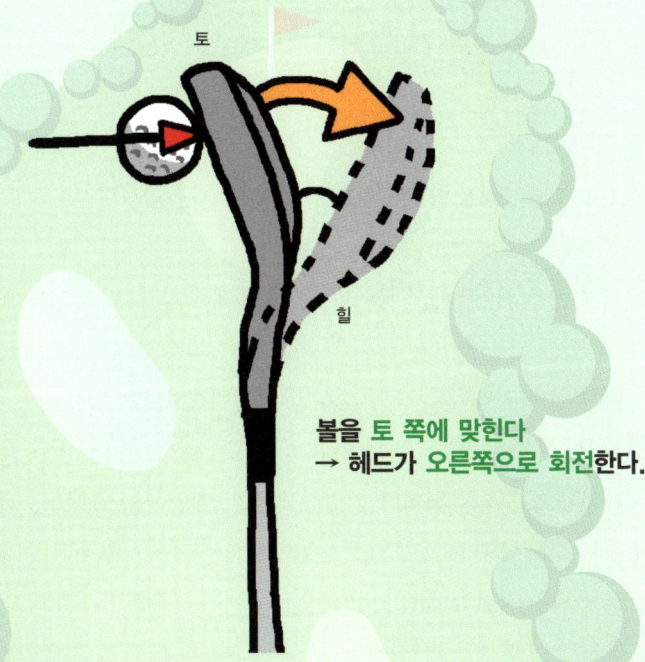

볼을 토 쪽에 맞힌다
→ 헤드가 오른쪽으로 회전한다.

그림 2 끝부분에 맞으면 오른쪽으로 휜다

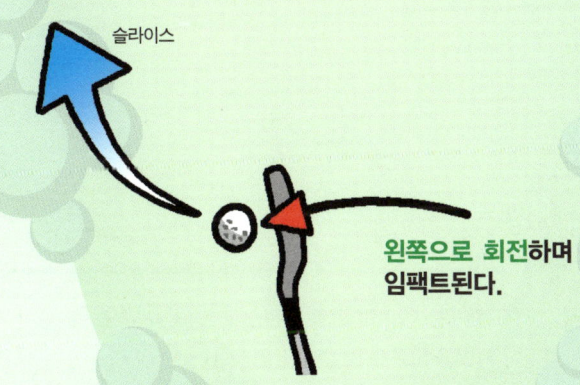

왼쪽으로 회전하며
임팩트된다.

때 힘의 모멘트를 $\mathcal{N}$이라고 하면 다음과 같은 식을 세울 수 있다.

$\Delta \omega = \mathcal{N} \Delta t / I$
각속도의 변화율 = 힘의 모멘트 × 임팩트 시간/관성모멘트

이때 볼은 페이스에서 튀어나가기 직전에 있다. 볼이 받는 항력의 방향은 $\Delta \omega$만큼 기울어진다.

하지만 이 기울기의 각도 $\Delta \omega$은 I에 반비례하므로 I가 작은 아이언으로 치면 $\Delta \omega$가 커진다.

볼이 오른쪽으로 날아가는 현상을 막기 위해서는 스탠스를 왼쪽으로 향하는 것도 좋지만 왼발을 오른쪽으로 옮겨도 상관없다. 왼발을 오른쪽으로 옮기면 자연히 볼이 왼발 쪽으로 다가가기 때문이다(그림 3).

볼을 왼쪽에 치우쳐 두면 임팩트할 때까지의 시간이 늦어진다. 그러면 헤드가 늦게 임팩트된다. 이때 페이스는 그림 2처럼 안쪽으로 돌아간다. 이렇게 임팩트하면 볼이 왼쪽으로 날아간다. 오른쪽으로 날아가는 볼의 방향을 이런 식으로 조정할 수 있다.

비법 정리

생크를 내지 않기 위해서는 아이언의 토 부분으로 친다. 이때 스탠스를 왼쪽으로 향하거나 왼발을 오른쪽으로 약간 옮긴다.

제3장 아이언의 비법

그림 3 볼이 오른쪽으로 날아가는 현상을 막기 위한 발의 위치

왼발을 오른쪽으로

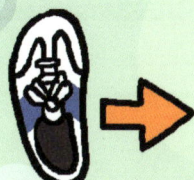 

볼을 왼쪽에 치우쳐 두면 임팩트할 때까지의 시간이 늦어져 볼이 왼쪽으로 날아간다.

121

3-5 벙커 탈출의 비법

비법의 핵심

페어웨이 벙커 : 페어웨이에서 볼을 친다는 느낌으로 U자형 스윙을 한다.

가드 벙커(그린 주변의 벙커)
▷ 벙커 턱이 낮으면 → 어프로치 샷과 같은 타법으로 친다(3-6 참조).
▷ 벙커 턱이 높으면 → 볼 뒤쪽의 모래를 V자형 스윙으로 퍼 올리듯 친다. 이때 양발이 부드러운 모래 위에 있어서 불안정하기 때문에 몸의 균형을 잃지 않도록 주의한다.

● 비법 공개

페어웨이 벙커 fairway bunker는 턱이 낮지만, 우물쭈물하다 보면 1타 이상 손해 보기 딱 좋은 곳이다. 따라서 이곳에서는 볼이 페어웨이에 있다고 생각하고 과감하게 쳐야 한다. 페어웨이에서 치는 타법과 같은 타법을 구사하면 된다.

여기서는 양발을 딛고 있는 모래가 문제이다. 모래는 비가 내린 후의 잔디처럼 부드럽기 때문에 몸의 균형이 흐트러져 더프를 칠 우려가 있다. 더프를 치지 않기 위해서는 깔끔하고 부드러운 원을 그리며 스윙해야 한다. 이것을 U자형 스윙이라고 한다(그림 1). U자형 스윙으로 효과를 거두기 위해서는 볼이 양발 사이 중간 지점에 놓이도록 해야 한다. 볼을 U자형 스윙 궤도의 최저점에 놓고 치는 셈이다.

가드 벙커 guard bunker는 좀 더 까다롭다. 그렇지만 턱이 낮은 가드 벙커는 너무 어렵게 생각할 필요가 없다. 벙커 턱이 허리 높이 정도라면 어프

제3장 아이언의 비법

그림 1 페어웨이 벙커 탈출

U자형 스윙

로치 샷(3-6 참조)을 구사하여 그린에 볼을 올리면 된다(그림 2). 가드 벙커는 그린에서 5~10야드 떨어진 위치에 있는데, 이 정도 거리는 어프로치 샷의 전형적인 비거리이다. 벙커의 모래를 그린 주변의 잔디라고 생각하고 과감하게 어프로치 샷을 날린다.

문제는 턱이 높고 움푹 들어가 있는 벙커이다. 보통 '벙커 탈출'이라고 하면 이처럼 깊은 벙커에서 빠져나오는 기술을 가리킨다. 이때 샌드웨지의 바운스^{bounce} 부분으로 볼 뒤쪽의 모래를 퍼 올리듯 치는 것이 요령이다.

볼을 높이 쳐올리기 위해서는 페이스각을 오픈하여 V자형으로 스윙한다(그림 3). '페이스각을 오픈한다'는 말은 샤프트를 그림 3처럼 오른쪽으로 돌려 고정하는 것을 뜻한다.

🌑 과학적 원리

페어웨이 벙커에서 U자형으로 스윙할 때 주의할 점은 볼의 위치이다. 볼은 U자형 스윙 궤도의 최저점에 있어야 한다. 대체로 양발 사이 중간 지점이 좋다.

반면 페어웨이에서는 볼을 왼발 발꿈치 앞에 두어야 좋다. 적절히 몸의 중심을 이동하면서 스윙해야 비거리가 길어지는데, 임팩트할 때는 몸의 중심을 왼발 발꿈치로 옮겨야 한다. 따라서 왼발 발꿈치 앞에 볼이 놓여야 유리하다.

그러나 페어웨이 벙커에서 볼을 칠 때는 중심 이동을 많이 하면 안 된다. 따라서 볼의 위치도 양발 사이 중간 지점이 좋다.

깊은 벙커에서 V자형으로 스윙하면 그림 4처럼 바운스가 모래에 비스듬히 접촉한다. 이때 모래는 두 가지 힘을 받는다. 하나는 바운스가 아래로

그림 2 허리 높이의 벙커 탈출

그림 3 깊은 벙커 탈출

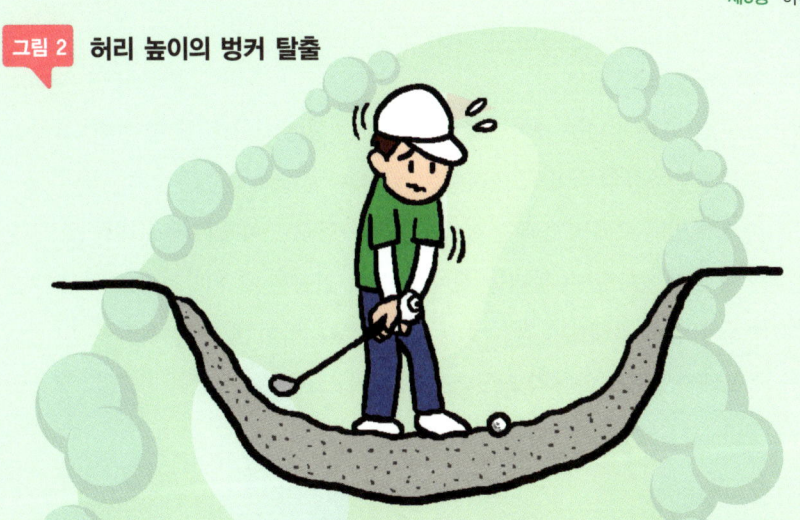

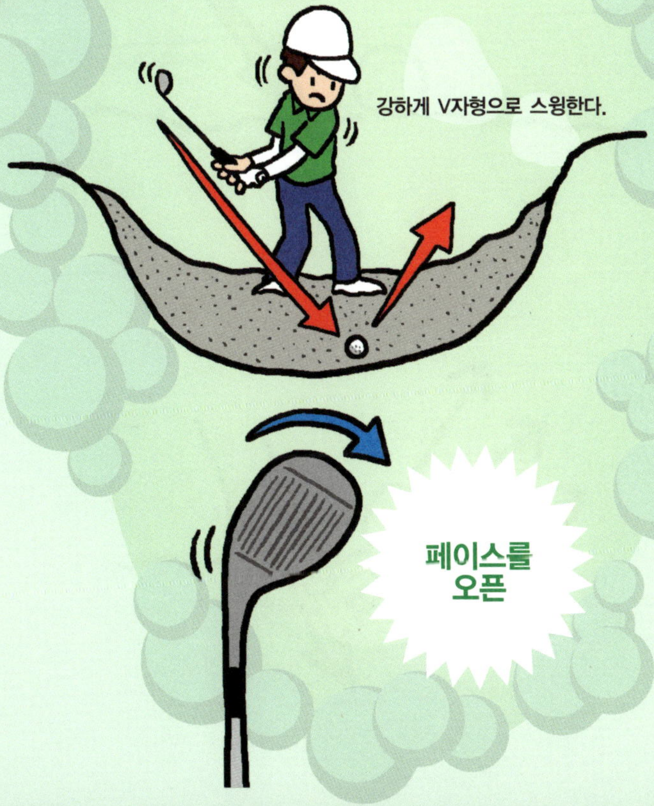

파고드는 힘, 다른 하나는 페이스에 수직이 되는 힘(항력)이다. 이 항력 때문에 모래가 비스듬히 위로 퍼 올려지는 것이다.

　볼 아래에 있던 모래는 볼과 동시에 위로 비스듬히 날아오른다. 모래를 날리는 힘으로 볼도 같이 날리는 셈이다. 볼의 질량은 모래의 질량보다 크기 때문에 볼이 모래보다 약간 늦게 날아오른다. 아이언의 로프트각이 클수록 모래가 날아오르는 각도도 커진다. 그러므로 더 높이 올려 치려면

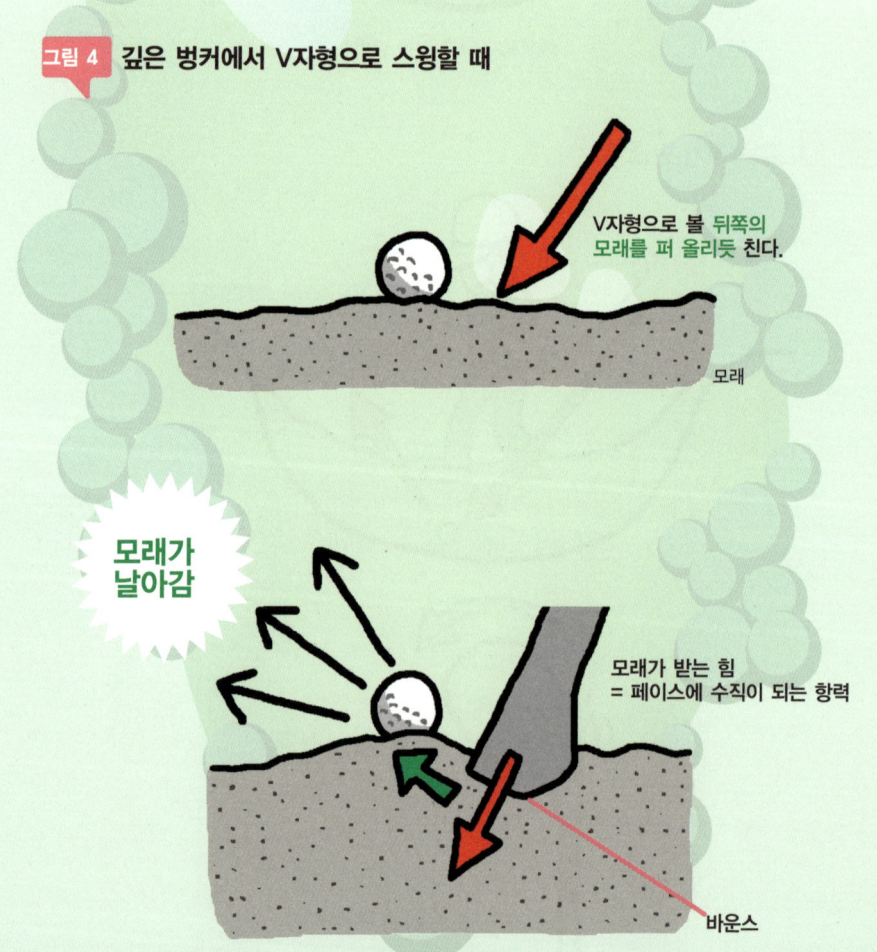

제3장 아이언의 비법

아이언을 오픈하여 '실효 로프트각(페이스면과 지면이 이루는 실제 각도)'을 늘리면 된다.

비법 정리

턱이 높은 벙커에서는 샌드웨지의 페이스각을 오픈한 후 V자형으로 스윙하면서 볼 뒤쪽의 모래를 비스듬히 퍼 올리듯 친다. 턱이 낮은 벙커는 벙커라고 여기지 마라.

3-6 피치 앤드 런의 비법

> **비법의 핵심**
>
> 볼을 양발의 한가운데 두고, 페이스를 핀pin 방향으로 향한다. 백스윙은 팔이 지면과 수평이 되는 위치보다 약간 아래에 올 정도(약 40°)로 가볍게 한다. 그러면 볼이 몇 야드 정도 떠올랐다가(피치, pitch) 그린 위를 굴러간다(런, run). 볼을 페이스의 토 부분으로 임팩트한다.

● 비법 공개

그린과 멀리 떨어진 곳에서 친 볼을 바로 그린에 올려놓을 수만 있다면 이 비법은 아무런 필요가 없다. 하지만 골프란 알 수 없는 게임이다. 볼이 아주 조금만 휘어도 그린을 크게 빗나가버린다. 벙커에 빠지지 않으면 일단은 나쁘지 않다. 그리고 잘만 하면 그린 주변에서 어프로치 샷을 하여 핀에 접근시킬 수 있다. 일명 'OK'를 만들 수도 있는 것이다.

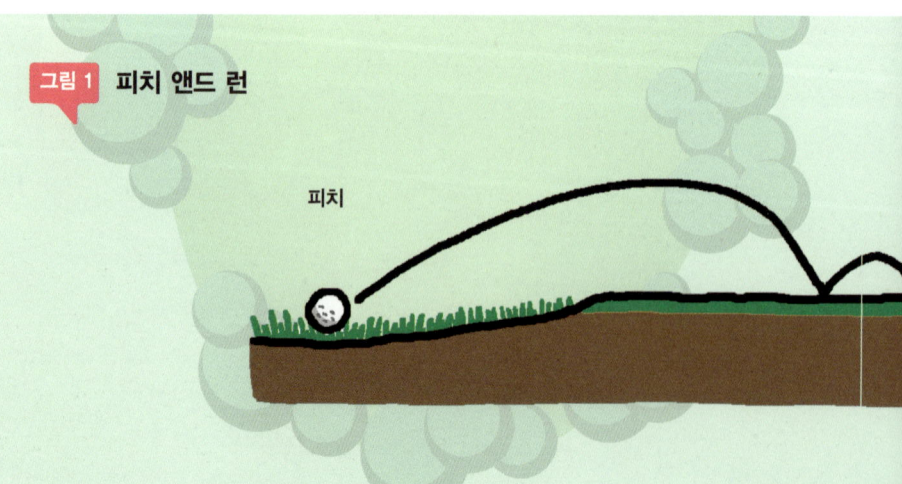

그림 1 피치 앤드 런

제3장 아이언의 비법

국내에서 자주 사용되는 'OK'라는 말은 사실 콩글리시이다. 정확히 말하면 김미^{gimme}(경기 중 볼이 홀컵에 바싹 다가섰을 때 상대방의 동의를 얻어 퍼팅하지 않고도 1타로 홀인되었음을 인정하는 행위)라고 해야 한다.

이처럼 볼이 그린을 벗어나더라도 어프로치 샷만 잘하면 파^{par}를 기록하기는 어렵지 않다.

그럼 어프로치 샷을 어떻게 해야 할까? 많은 골프 지도서에 이에 대한 다양한 방법이 실려 있다. 하지만 아마추어 골퍼는 퍼팅 기술을 모두 기억하고 있다 해도 큰 의미가 없으며, 그중에서 핵심적인 몇 가지만 기억하면 충분하다. 가장 중요한 기술이 여기에서 설명할 '피치 앤드 런'이다. 즉 '적당히 띄우고 그린에서 굴린다'(그림 1). 그린 주변의 러프에 놓인 볼을 퍼터로 치면 볼은 굴러가다가 잔디에 힘을 빼앗겨 금방 멈춰버릴 것이다. 그러지 않기 위해서는 먼저 볼을 50센티미터 이상 적당히 띄워야 한다.

이때 풀 스윙을 하면 안 된다. 팔이 지면과 수평이 되는 위치보다 약간 아래에서 가볍고 부드럽게 스윙한다.

스탠스를 취할 때 페이스의 방향은 핀을 향하도록 한다(그림 2). 볼을 너무 높이 띄우지 않기 위해서는 양발을 모으고 그립을 쥔 양손을 볼보다 약간 왼쪽으로 내민다(hand first grip). 클럽에 표시되어 있는 목표선을 절대 위로 똑바로 올리지 않는다. 비거리를 늘리기 위해서는 힘을 주어 스윙하지 말고, 번호가 낮은 아이언으로 바꿔 쳐야 한다. 따라서 아이언을 세 자루 정도 준비하는 것이 좋다.

미스 샷을 줄이기 위해서는 일부러 스위트 스폿을 피해 토 부분으로 볼을 친다(그림 3).

● 과학적 원리

앞서 설명한 방법에서 가장 중요한 점은 아이언의 샤프트에 표시되어 있는 목표선을 위로 똑바로 올리지 않는 것이다. 목표선은 풀 스윙할 때의 기준선일 뿐이다. 피칭웨지에는 샤프트 또는 그립 부분에 목표선이 있다. 보통 이것을 위로 똑바로 올리면 페이스가 약간 왼쪽을 향하게(클로즈) 된다.

이미 설명했듯이 클로즈가 되는 정도를 나타낸 각도를 페이스각이라고 한다. 따라서 가볍고 부드러운 40° 스윙으로 샷을 하면 페이스각 때문에 볼이 왼쪽으로 날아간다. 그러므로 피치 앤드 런을 구사할 때는 목표선을 무시해야 한다.

스탠스를 취할 때 볼을 양발 중간 지점에 두고, 아이언의 페이스를 핀으로 향하게 한다. 이 방향을 유지하면서 40°로 스윙하여 임팩트한다. 물론 스윙할 때 페이스는 처음부터 끝까지 계속 핀을 향하고 있어야 한다.

볼을 토 부분에 맞히는 것도 중요하다. 왜냐하면 잔디에서 저항을 받는 부분이 토 부분이기 때문이다. 볼을 스위트 스폿에 맞히면 튀어나온 헤드

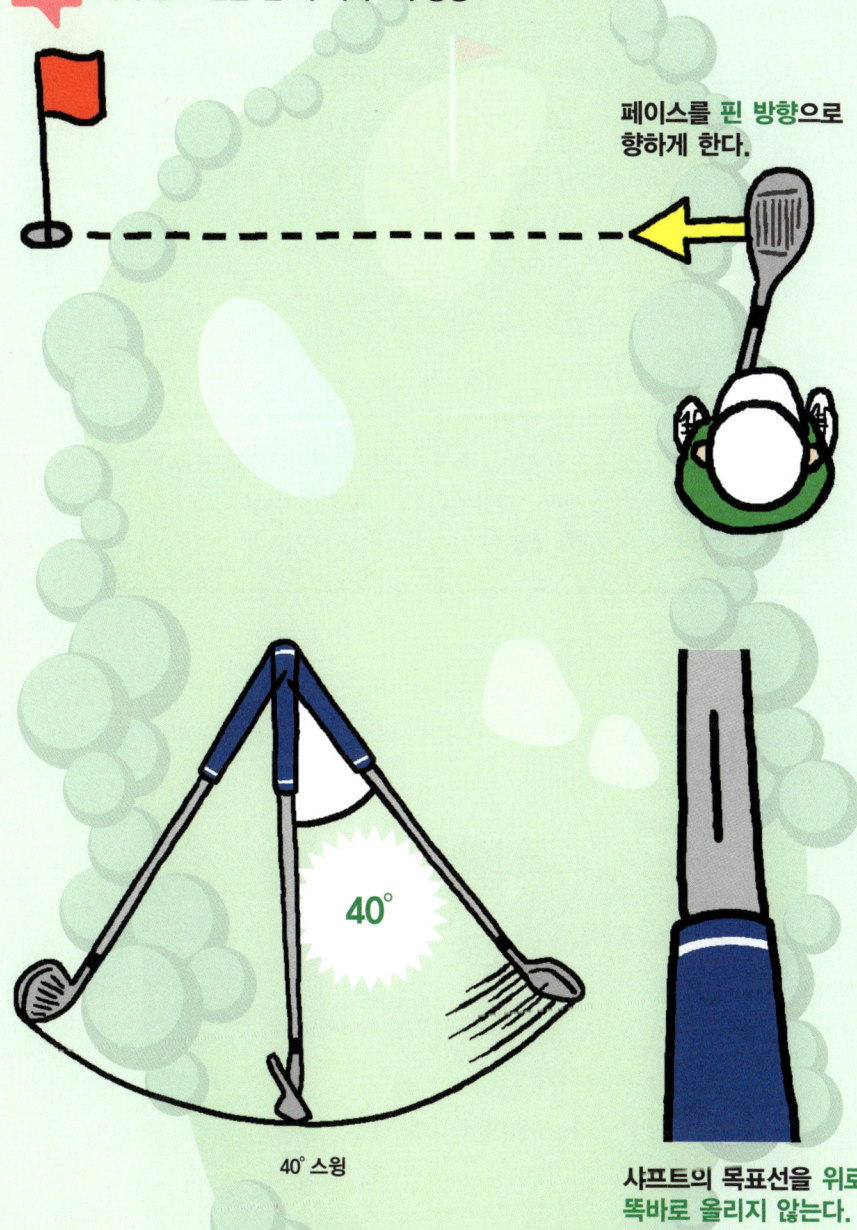

끝부분이 먼저 잔디에 닿아 페이스의 방향이 휘어져버린다. 이 상태에서 볼을 맞히면 당연히 미스 샷이 나온다.

볼을 끝부분으로 치면 잔디에 끝부분이 닿는 동시에 볼도 칠 수 있어 잔디의 저항을 덜 받는다.

비법 정리

아이언의 페이스를 핀으로 향하도록 하고, 양발의 중간 지점에 볼을 둔 후 40°로 부드럽게 스윙한다. 적당한 번호의 아이언을 선택하여 비거리를 조정한다. 토 부분으로 볼을 친다.

제3장 아이언의 비법

그림 3 피치 앤드 런을 할 때 볼을 치는 부분

토 부분으로 볼을 친다.

3-7 피치 샷의 비법

비법의 핵심

어프로치 샷을 할 때, 볼과 핀 사이에 벙커와 같은 장애물[hazard]이 있으면 앞에서 설명한 피치 앤드 런 기술을 구사하기 어렵다. 장애물을 넘기기 위해 제법 높이 쳐올려야 하는데, 이때 주로 사용하는 클럽이 피칭웨지 또는 샌드웨지이다. 페이스를 적당히 오픈하고 토 부분으로 친다. 스윙 폭은 30~50°로 한다.

● 비법 공개

피칭웨지나 샌드웨지를 사용할 때는 볼 뒤쪽을 강하게 쳐야 볼이 높이 올라간다. 하지만 풀 스윙을 하면 볼이 지나치게 높이 올라가고, 가볍게 스윙하면 앞서 설명한 대로 피치 앤드 런이 되어버린다. 강약을 조절하는 이 부분이 어렵다.

헤드로 볼 뒤쪽을 강하게 쳐야 하는데, 여기서 포인트는 '약간 뒤쪽'을 치는 것이다. 이 방법은 벙커 샷과 비슷하다.

볼을 최대한 높이 띄우고 그린에 딱 멈추게 하기 위해서는 페이스를 그림 1처럼 적당히 오픈한다. 이렇게 하면 실효 로프트각(페이스면과 지면이 이루는 실제 각도)이 커져서 볼을 더 높이 띄울 수 있다(그림 2).

볼을 토 부분으로 치면 앞서 설명한 것처럼 잔디의 저항을 방지할 수 있을 뿐 아니라, 그림 3처럼 볼이 페이스 위를 미끄러지는 거리가 길어져 그만큼 스핀이 많이 걸리고, 그린 위에 딱 멈출 가능성이 커진다.

토 부분으로 치면 스위트 스폿에서 벗어나기 때문에 비거리가 짧아진다. 피치 샷은 비거리가 길면 안 되므로 이 점은 오히려 괜찮다.

제3장 아이언의 비법

그림 1 볼을 높이 띄우고 그린에 딱 멈추게 하는 방법

페이스를 적당히 **오픈**한다.

그림 2 페이스를 오픈했을 때

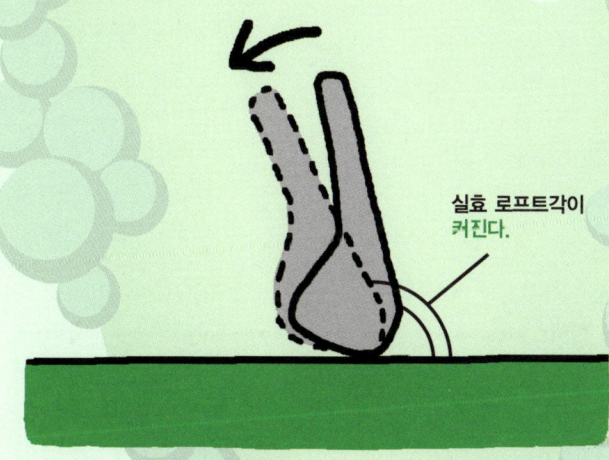

실효 로프트각이 **커진다**.

◯ **과학적 원리**

　이 방법은 벙커 샷과 비슷하지만 큰 차이가 있다. 벙커 샷은 볼 뒤쪽의 모래를 쳐올리지만, 피치 샷은 어디까지나 볼을 페이스에 직접 맞힌다. 하지만 볼의 뒤쪽을 맞힌다는 느낌으로 쳐야 한다.

　이렇게 치면 그림 4처럼 페이스가 볼의 중심선 아랫부분을 치게 되고, 볼은 페이스와 수직을 이루는 항력을 받아 날아간다. 동시에 볼에 스핀이 걸린다. 이때 헤드의 아랫부분(솔)이 지면에 닿는다.

　페이스를 오픈하면 실효 로프트각이 커진다. 샤프트를 오른쪽으로 회전시키면 페이스면이 눕혀지는 것을 알 수 있다.

비법 정리

볼을 높이 띄우는 피치 샷을 하기 위해서는 볼과 지면 사이에 아이언을 넣는다는 느낌으로 친다. 페이스를 적당히 오픈하고 토 부분으로 친다.

제3장 아이언의 비법

그림 3 토 부분으로 쳐야 하는 또 한 가지 이유

볼을 토 부분에 맞히면 페이스 위에서 미끄러지는 거리가 길어진다. → 스핀이 걸린다.

그림 4 볼의 중심선 아랫부분을 친다

중심선

헤드

제 4 장

퍼팅의 비법

4-1 퍼팅의 세 가지 방법

비법의 핵심

퍼팅에는 세 가지 방법이 있다.
Ⓐ 지면에 수평으로 볼의 중심선을 친다.
Ⓑ 중심선 위쪽 5분의 2에 해당하는 지점을 어퍼블로(헤드를 아래에서 위로 약간 올리며 치는 법)로 친다.
Ⓒ 펀치 샷punch shot을 한다.
길지도, 짧지도 않은 일반적인 샷을 할 때는 Ⓑ를 기준으로 한다. 그러면 매끄러운 순회전順回轉을 발생시킬 수 있다. 이보다 긴 거리는 Ⓐ, 1미터 정도의 짧은 거리는 Ⓒ의 방법을 이용한다.

● 비법 공개

아마추어 골퍼는 보통 Ⓐ의 방법으로 퍼팅을 한다. 그림 1처럼 볼의 한 가운데를 수평으로 똑바로 치는 것이다. 이렇게 치면 볼이 자연스러운 회전을 하지 못한다. 특히 비교적 긴 거리를 퍼팅할 때는 볼이 지면에서 튀어 불규칙하게 구른다.

볼이 매끄럽게 굴러가게 하기 위해서는 그림 2처럼 '비스듬한 중심면에서 위쪽으로 5분의 2에 해당하는 지점'을 쳐야 한다. 이렇게 치면 볼은 굴러가는 속도와 회전의 속도가 일치하기 때문에 '순회전'하게 된다. PGA 토너먼트에 참가하는 프로 골퍼는 대부분 이 방법을 사용한다. 그래서 아무리 강하게 쳐도 볼이 그린 위에서 튀지 않는다.

하지만 아마추어 골퍼가 이 방법으로 퍼팅하면 거리감을 파악하기 어렵기 때문에 긴 퍼팅을 할 때 적합하지 않다. 아마추어 골퍼가 긴 퍼팅을

제4장 퍼팅의 비법

> **그림 1** 아마추어 골퍼가 치는 방법

Ⓐ

지면과 수평인 중심선을 옆으로 똑바로 친다.

볼이 튀면서 굴러간다.

중심선

141

할 때는 홀컵 옆에 붙이기만 하면 성공이라고 생각하고, 이상적이긴 하나 거리감을 느끼기 어려운 Ⓑ보다는 차선책으로 Ⓐ의 방법을 사용해야 한다.

그리고 1~2미터 정도의 짧은 거리에 있는 볼을 확실히 홀컵에 넣기 위해서는 Ⓒ처럼 펀치 샷을 하는 것이 좋다(그림 3). 펀치 샷이란 헤드로 볼을 순간적으로 끊어 치는 방법인데 볼을 친 후에 헤드를 바로 멈추는 것이 포인트이다. 마치 망치로 못을 때리듯이 치면 된다.

🌑 과학적 원리

Ⓐ와 Ⓒ의 방법은 '관성의 법칙'을 밑바탕에 두고 있다. 즉 볼의 무게중심이 움직이기 시작하면 그 무게중심의 운동을 계속 유지하려는 경향을 띠는 것이다. 볼의 무게중심이 일정 방향으로 움직이면 계속 그 방향으로만 움직여간다. 이러한 관성의 법칙 때문에 처음부터 조준만 잘하면 홀컵을 향해 똑바로 굴러간다. 그런데 이 볼이 도중에 휘어지는 이유는 무엇일까? 여분의 힘이 가해졌기 때문이다.

그럼 이 여분의 힘이란 무엇일까?

그것은 볼이 튀거나 지면과 마찰을 일으켜 발생하는 불규칙한 저항력이다. 지면이 고르지 못할 때 불규칙한 저항력이 일어난다. 볼의 오른쪽에 마찰력을 일으키는 잔디가 있으면, 볼의 무게중심 아래쪽에서 약간 오른쪽으로 치우친 부분에 저항력이 작용하여 오른쪽 스핀이 걸린다.

한편 짧은 거리에서 펀치 샷을 해야 좋은 이유는 무엇일까? 그것은 '뒤탈'이 없기 때문이다. 즉 펀치 샷은 순간적인 것이므로 그 순간만 지나면 팔로 스윙follow swing의 영향을 받지 않는다.

아마추어 골퍼는 일반적으로 퍼터putter를 똑바로 움직이기 어렵다. 그

제4장 퍼팅의 비법

그림 2 매끄럽게 굴러가도록 치는 방법

이유 중 하나는 오른손의 힘이 강하기 때문이다. 오른손의 힘이 강하면 헤드의 움직임이 그림 5처럼 원호를 그리게 되어 볼이 왼쪽으로 휘어지기 십상이다. 이를 시정하기 위해 헤드를 앞으로 내밀고 치면 오른쪽으로 휘어져버릴 수 있다.

펀치 샷은 팔로 스윙을 생략해버린다. 따라서 볼은 홀컵을 향해 일직선으로 굴러간다. 펀치 샷은 방향성이 좋지만 거리감 조정은 어렵다. 그러나 짧을 거리일 경우에는 거리감을 무시해도 볼이 홀컵 방향으로만 정확히 향한다면 별 문제가 없다.

가장 어려운 방법이 ⓑ처럼 순회전시키는 것이다. '5분의 2 타법'에 대한 설명을 하자면 길기 때문에 다음에 다시 다루겠다.

비법 정리

짧은 거리에서는 펀치 샷을 하여 홀컵에 똑바로 넣는다. 일반적인 거리에서는 순회전을 시켜 홀컵을 노린다. 긴 거리에서는 볼의 중심선을 수평으로 쳐서 홀컵 옆에 붙인다.

제4장 퍼팅의 비법

그림 3 1~2미터 떨어진 곳에서는 펀치 샷

ⓒ

팔로 스윙이 생략된다.

펀치 샷

그림 4 볼이 그린을 굴러갈 때 마찰력에 주의

잔디의 저항이 있으면 볼이 휘어진다.

그림 5 아마추어 골퍼의 퍼터 헤드 움직임

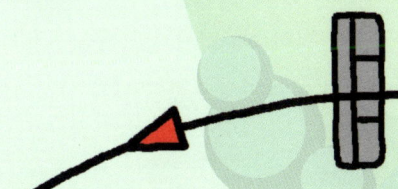

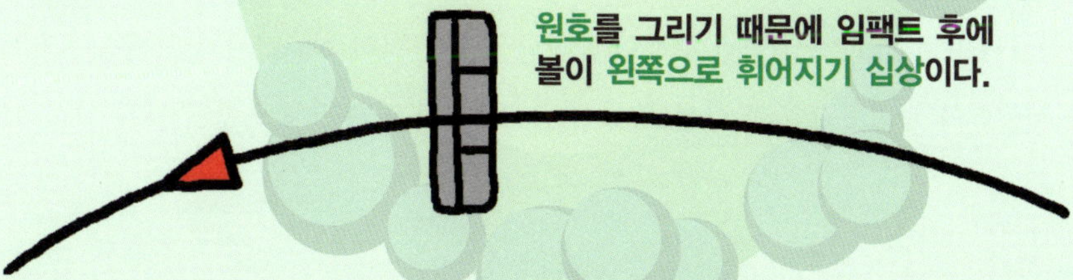

원호를 그리기 때문에 임팩트 후에 볼이 왼쪽으로 휘어지기 십상이다.

4-2 '5분의 2 타법'의 비법

비법의 핵심

임팩트 순간 헤드를 가볍게 들어 올리면서 치면 비스듬한 중심면에서 위쪽으로 5분의 2에 해당하는 지점에 맞다. 그러면 볼을 순회전시 킬 수 있다.

🌕 비법 공개

볼의 중심면 위쪽 5분의 2에 해당하는 지점을 칠 때 단순하게 수평으로 쳐도 될까?(그림 1) 결론부터 말하자면 안 된다. 수평으로 치면 볼을 아래로 누르는 힘이 발생하여 볼의 움직임이 나빠진다.

그러므로 임팩트할 때 헤드가 볼에 닿는 위치는 그림 2처럼 비스듬한 중심면에서 위쪽으로 5분의 2에 해당하는 지점이 좋다. 물론 정확히 5분의 2에 해당하는 지점을 알 수는 없지만, 헤드를 아래에서 약간 들어 올리는 요령으로 치면 그 지점을 적당히 맞출 수 있다. 처음에는 헤드의 솔 부분을 지면과 최대한 가깝게 수평으로 움직이다가, 임팩트하기 몇 센티미터 전부터 위로 들어 올리는 궤도를 만든다. 스윙을 끝낸 시점에 헤드가 지면에서 40~50센티미터 올라가 있는 상태가 가장 좋다.

🌕 과학적 원리

'5분의 2 타법'을 구사할 때 어떤 현상이 일어날까?

4-1의 그림 1처럼 지면과 수평인 중심면을 치면 볼이 회전하지 않고 무게중심이 밀려나간다. 따라서 볼이 지면(잔디면)과 마찰을 일으킨 후에야

제4장 퍼팅의 비법

그림 1 지면과 수평인 중심면 위쪽 5분의 2 지점을 치면 안 되는 이유

5분의 2

항력

아래로 누르는 힘

겨우 회전하며 불규칙하게 굴러간다.

그러면 중심면 아랫부분을 치면 어떻게 될까?(실제로 이렇게 치기는 어렵다) 밀어내는 힘에 의해 볼은 앞으로 나가지만, 볼을 멈추게 하는 백스핀이 발생한다. 따라서 이 방법도 순회전을 일으킬 수 없다.

볼을 순회전시키기 위해서는 볼의 윗부분을 쳐야 한다. 그러면 볼이 전진하는 속도 v와 볼이 회전하는 속도 V가 일치하여 순회전한다. 순회전하는 볼은 지면과 마찰을 일으키지 않는다. v와 V가 일치하기 때문이다(그림 3).

하지만 이 방법은 생각보다 간단하지 않다. 헤드를 수평으로 움직이며 볼을 치면 중심선 위쪽 5분의 2 지점을 정확히 쳤다 해도 임팩트 순간에 볼 표면에 수직으로 작용하는 힘이 발생해버려 볼이 불규칙하게 굴러간다.

수평으로 전진시키는 힘의 성분도 있지만, 볼을 아래로 누르는 힘의 성분도 분명히 있다. 아래로 누르는 힘이 발생하면 안 된다. 따라서 볼의 중심면 윗부분을, 수평이 아니라 비스듬하게 위로 올려 쳐야 한다.

비법 정리

헤드는 지면과 최대한 가깝게 수평으로 움직이다가 볼 바로 앞에서 헤드를 들어 올리며 임팩트한다. 이것이 순회전을 일으키는 유일한 타법이다. 다른 방법으로 순회전을 설명하는 골프 지도서도 있지만 그것은 모두 틀린 설명이다.

제4장 퍼팅의 비법

그림 2 비스듬한 중심면 위쪽으로 5분의 2에 해당하는 지점을 친다!

그림 3 순회전하면 볼은 지면과 마찰을 일으키지 않는다

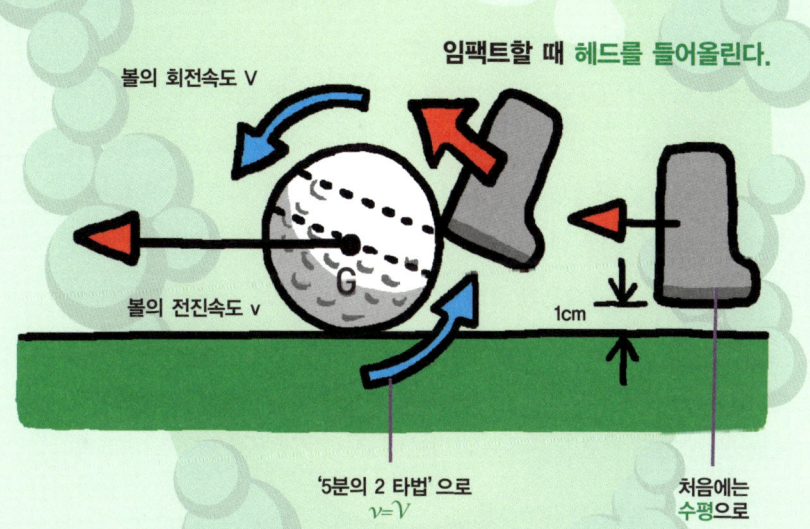

4-3 경사진 그린에서 포물선 궤도를 그리는 비법

비법의 핵심

옆으로 경사진 그린에서는 볼의 궤도를 원형이 아닌 포물선 형태로 굴린다. 볼은 생각보다 잘 휘어지지 않는다.

🔵 비법 공개

작은 물체를 던지면 포물선 궤도를 그린다(그림 1). 항상 아래로 향하는 일정한 중력이 작용하기 때문이다. 경사면에서도 마찬가지로 볼에 중력이 작용하여 궤도는 포물선을 그린다.

많은 프로 골퍼가 이것을 원형이라고 착각하지만 사실 그렇지 않다(그림 2). 경사진 그린에서 홀컵에 볼을 넣는 방법에는 두 가지가 있다. 그것은 그림 3처럼 '오르막 궤도를 만들기 전에 홀컵에 넣는 방법'과 '오르막 궤도를 만든 후 홀컵에 넣는 방법'이다.

보통은 오르막 궤도를 만들기 전에 홀컵에 넣는 방법을 사용한다. 이때는 당연히 강하게 쳐야 한다.

홀컵이 없다고 가정했을 때 볼이 50센티미터는 더 나갈 수 있을 정도의 세기로 치면 된다. 다소 강하게 치면 볼이 잘 휘어지지 않는다. 그림 2처럼 원 궤도와 비교해보면 금방 알 수 있다. 그러므로 경사가 비교적 심하더라도 홀컵 방향에서 많이 벗어나지 않도록 홀컵을 노리는 것이 중요하다. '홀컵 한 개 정도 보고 오른쪽으로 쳐야겠다'고 판단되면, 실제로는 홀컵 반 개 정도 보고 오른쪽으로 쳐야 한다. 이때는 물론 약간 강하게 임팩트해야 한다.

제4장 퍼팅의 비법

> **그림 1** 작은 물체를 던지면 포물선 궤도를 그린다

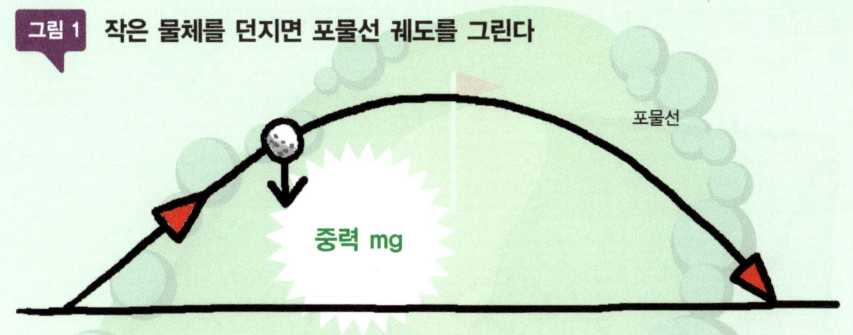

🔘 **과학적 원리**

그린의 경사면이 수평보다 θ만큼 기울어져 있고, g를 중력가속도, m을 볼의 질량으로 했을 때 볼에는 다음과 같은 중력이 작용한다.

$$\mathcal{F} = -mg\sin\theta$$

물론 경사가 0일 경우, 즉 $\theta=0$이면 $\mathcal{F}$는 0이 되고, 볼의 궤도는 직선이 된다. 이때 볼이 휘어지는 가속도는 다음과 같다.

$$a = g\sin\theta$$

이 가속도로 인해 휘어지는 거리는 다음과 같다.

$$y = (g\sin\theta)t^2/2$$

여기서 t는 볼이 홀컵에 들어가는 데 걸리는 시간이다. 경사각이 2°이고, 볼이 홀컵에 들어가는 시간이 0.5초일 때 볼이 휘어지는 거리는 다음

그림 2 경사진 그린에서 퍼팅한 볼도 포물선 궤도를 그린다

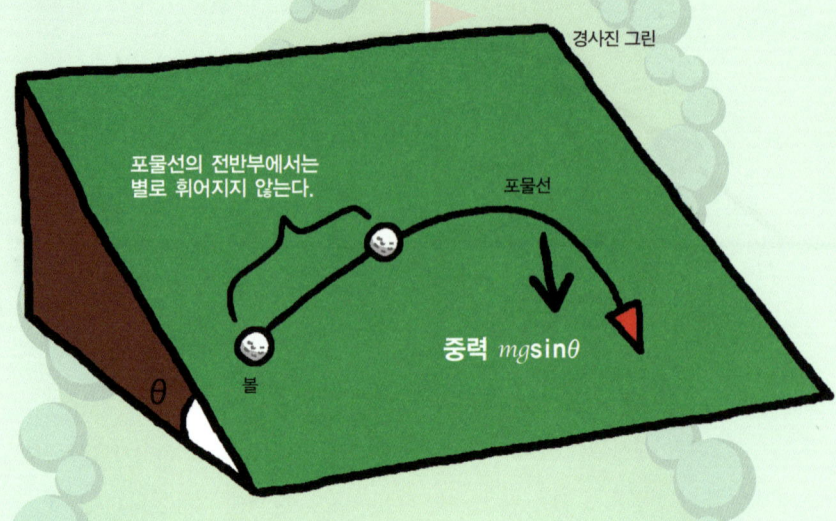

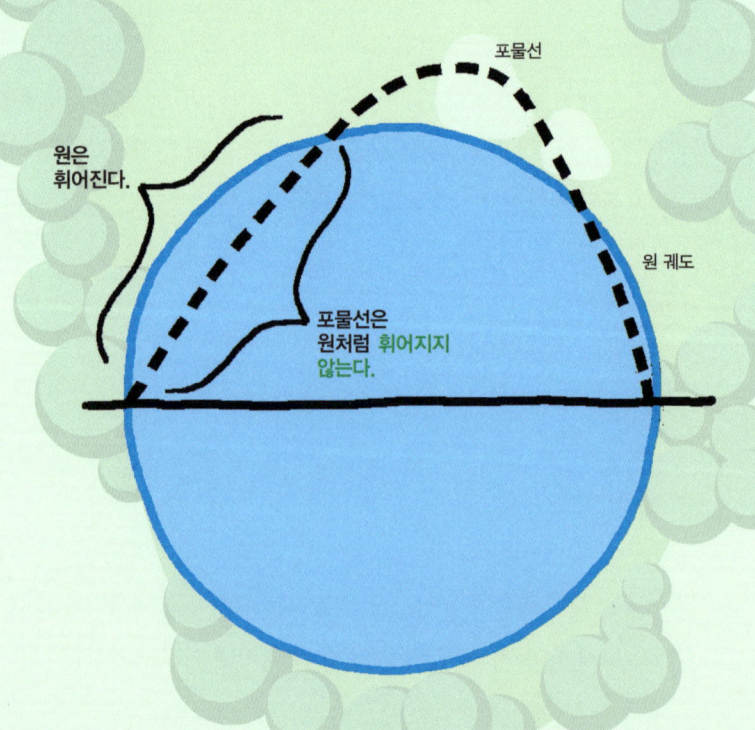

과 같다.

$$y = g\theta/2(1/4)$$

$\theta=2°=0.03$, $g=980$을 이 식에 대입하면 $y=3.6$cm가 된다. 즉 볼은 의외로 잘 휘어지지 않는다는 사실을 알 수 있다. 물론 그림 3처럼 오르막 궤도를 만든 후 홀컵에 볼을 넣는 방법을 사용할 때는 이에 해당하지 않는다.

비법 정리

옆으로 경사진 그린에서 볼의 궤도는 포물선을 그린다. 약간 강하게 치면 볼은 잘 휘어지지 않는다. 볼이 홀컵에 들어가는 시간이 0.5초 정도 걸리는 거리에서는 볼이 휘어지는 정도가 겨우 몇 센티미터에 불과하다는 점을 명심하라.

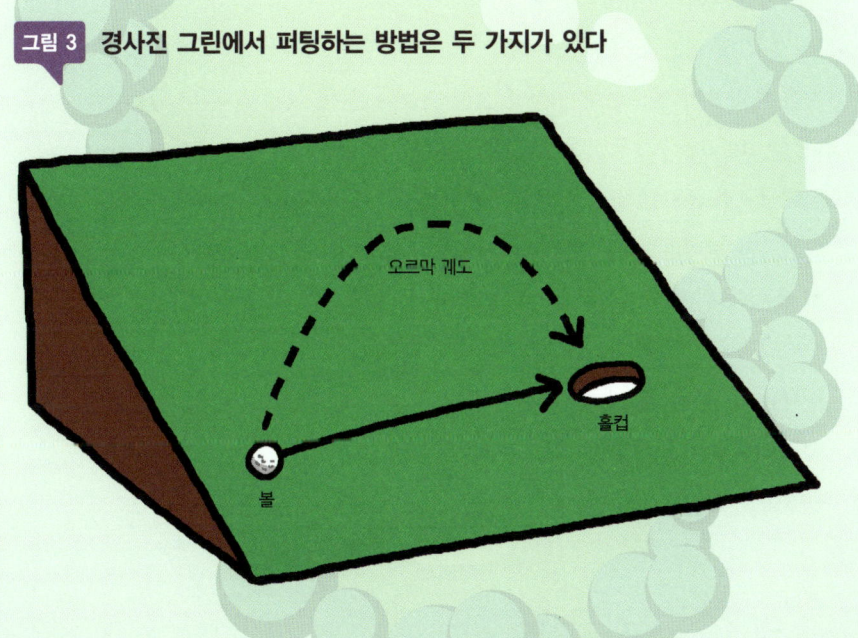

그림 3 경사진 그린에서 퍼팅하는 방법은 두 가지가 있다

4-4 등고선의 법칙

비법의 핵심

그린의 기복을 등고선으로 나타낸다. 내리막에서는 볼을 등고선에 수직으로 굴린다.

🏌 비법 공개

그림 1처럼 오르막에서 내리막을 향해 샷을 하면 볼은 어떻게 휘어질까? 아마추어 골퍼는 프로 골퍼처럼 풍부한 경험이 없기 때문에 직감적으로 알 수가 없다. 따라서 그린의 기복을 나타내는 등고선을 상상하는 것이 좋은 방법이다. 그림 1처럼 등고선을 그리고, 등고선과 수직 방향으로 볼에 대한 중력이 끊임없이 작용한다고 생각하면 된다.

따라서 그림 1처럼 등고선에 수직인 선을 연결한 방향으로 볼이 움직인다. 볼 전체 궤도를 머릿속에 그릴 때는 먼저 홀컵 쪽에서 볼이 놓여 있는 쪽을 바라보며 등고선에 수직인 선을 찾는다. 볼은 그 선을 따라 굴러온다. 즉 그림 1에서는 등고선에 수직인 선을 이은 선분 KA가 정해지는데, B점에서 A점 근처를 노리고 볼을 치면 선분 KA를 통해 볼이 굴러온다.

위치가 반대라도 궤도를 읽는 방법은 똑같다. K점이 볼의 위치고 B점이 홀컵의 위치라면, K점에서 출발한 볼은 등고선과 수직으로 작용하는 중력의 영향으로 휘어진다. 볼이 이처럼 휘어지는 것을 염두에 두고 볼의 방향을 조정하면 된다. 하지만 볼에서 홀컵까지의 거리가 멀 경우, 볼의 속도가 처음에는 빠르기 때문에 중력의 영향을 덜 받는다는 점을 기억해 두어야 한다.

제4장 퍼팅의 비법

> **그림 1** 기복을 나타내는 등고선을 상상한다

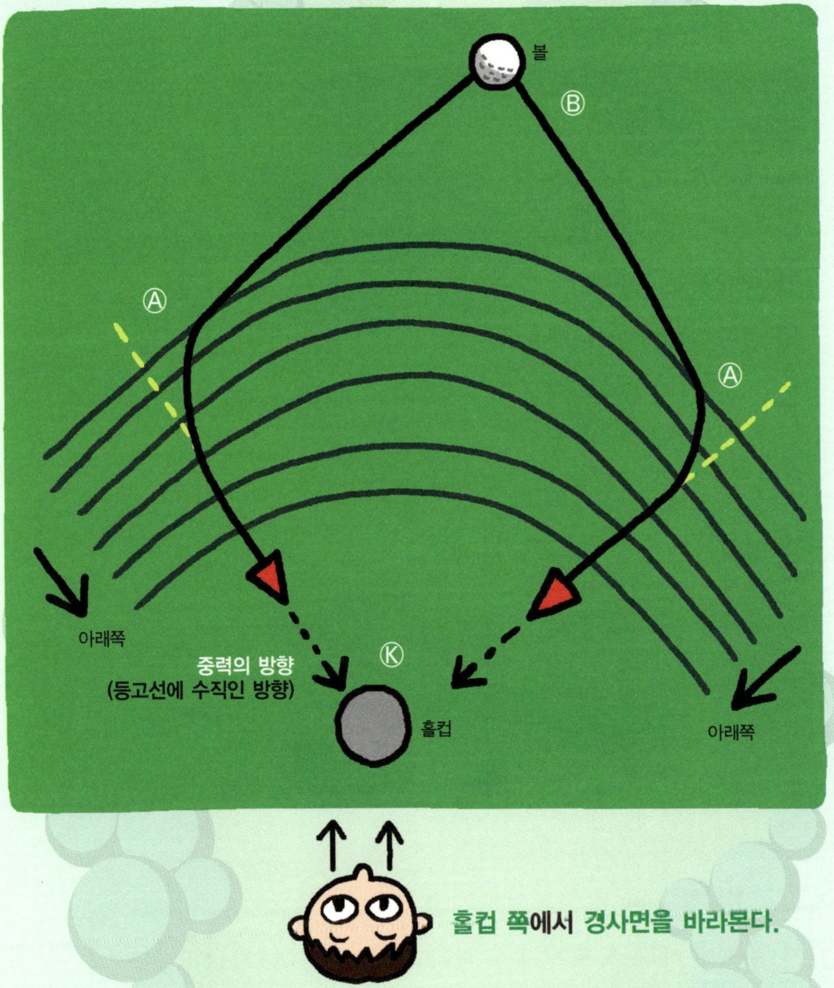

볼
Ⓑ
Ⓐ
Ⓐ
아래쪽
중력의 방향
(등고선에 수직인 방향)
Ⓚ
홀컵
아래쪽

홀컵 쪽에서 경사면을 바라본다.

🔵 과학적 원리

산에서 돌이 굴러 떨어지는 방향은 등고선과 수직이다(그림 2). 왜일까? 그것을 증명하는 것은 간단하다. 등고선 위를 따라 물건을 움직인다고 가정하자. 등고선 위이기 때문에 그곳에서 물건을 아무리 움직여도 중력을 거스르지 않는다. 이것은 완전 평면인 아이스링크에서는 아무리 움직여도 중력을 거스르지 않는 것과 마찬가지이다. 중력은 아이스링크에 수직으로 작용하듯이 등고선에도 수직으로 작용한다.

물체에 중력이 작용하여 물체가 중력 방향으로 움직일 때, 중력이 물체에 일을 했다고 표현한다. 이때 '일'은 '힘'과 '움직인 거리'를 곱한 값으로 나타낸다.

일 = 힘 × 힘의 방향으로 움직인 거리

등고선 위에서 사물을 움직였을 때 중력이 가한 힘은 0이다. 따라서 중력이 한 일도 0이 된다.

비법 정리

경사면을 바라보며 등고선을 두 개 정도 상상하기는 어렵지 않다. 내리막일 때는 등고선에 수직 방향으로 볼을 굴려 홀컵에 넣는다. 오르막일 때는 등고선에 수직으로 중력이 작용하므로 볼이 굴러가는 도중 휘어진다는 점을 염두에 두고 친다. 실제로 연습하는 것도 좋지만, 지도에 연필로 표시하면서 이미지 트레이닝을 하는 것도 좋다.

제4장 퍼팅의 비법

그림 2 산에서 돌이 굴러 떨어지는 방향

돌이 굴러가는 방향은?

돌이 굴러가는 방향 = 등고선에 수직 방향

4-5 오르막 퍼팅의 비법

> ### 비법의 핵심
> 흔히 '오르막 퍼팅이 내리막 퍼팅보다 쉽다'고 하지만 사실은 그렇지 않다. 볼이 잘 굴러가는 좋은 그린에서는 오히려 내리막 퍼팅이 더 쉽다. 그러므로 '오르막 퍼팅이니까 기브를 달라'고 가볍게 이야기해서는 안 된다.

● 비법 공개

홀컵 한가운데를 노리는 골퍼에게 오르막과 내리막 가운데 어느 쪽이 유리할까? 그림 1을 보면 한눈에 알 수 있다. 오르막에서는 제 궤도를 한 번 벗어나면 중력이 작용하기 때문에 점점 더 휘어진다. 즉 중력은 볼을 더욱 휘어지게 만드는 작용을 한다.

하지만 내리막에서는 이와 반대로 볼의 휘어짐을 줄이는 작용을 한다. 다시 말해 그림 2처럼 궤도가 홀컵에 초점을 맞추며 방향을 튼다. 이것만 보면 분명히 '내리막 퍼팅이 오르막 퍼팅보다 쉽다'고 할 수 있다.

하지만 이는 흔히 알고 있는 상식이나 여러 골프 지도서에 나와 있는 지식과 다르다. 이러한 모순은 왜 생길까? 그것은 중력으로 휘어지는 현상을 고려하지 않은 채 잘못된 상식이 형성된 탓이다.

물론 오르막 퍼팅은 내리막 퍼팅보다 강하게 치므로 도중에 고르지 못한 잔디에 민감하게 영향을 받는 일은 없다. 한편 내리막 퍼팅에서는 볼을 약하게 치기 때문에 도중에 고르지 못한 잔디에 쉽게 영향을 받는다.

하지만 이것은 잔디의 컨디션이 나쁜 경우에만 해당되는 이야기이다. 컨디션이 좋은 코스에서는 도중에 잔디의 영향을 고려할 필요가 거의 없

제4장 퍼팅의 비법

그림 1 오르막 퍼팅이 내리막 퍼팅보다 크게 휘어진다

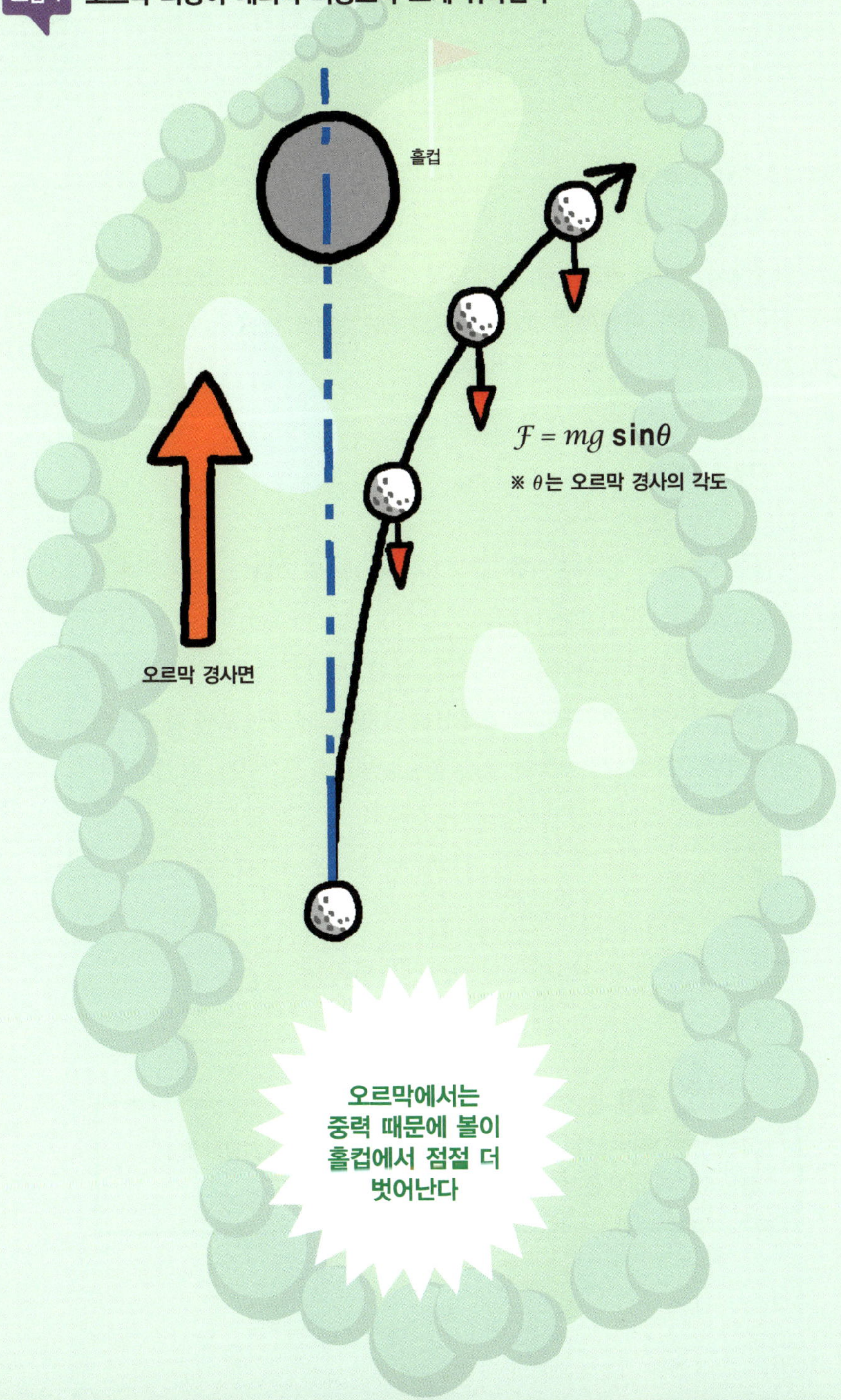

홀컵

$\mathcal{F} = mg \sin\theta$

※ θ는 오르막 경사의 각도

오르막 경사면

오르막에서는 중력 때문에 볼이 홀컵에서 점점 더 벗어난다

다. 따라서 컨디션이 좋은 코스에서는 내리막 퍼팅이 쉽다고 할 수 있다.

● 과학적 원리

오르막 궤도에 어떤 중력이 작용하는지 살펴보겠다. 그림 1처럼 비구선 방향에서 벗어난 궤도에는 그림 1의 빨간색 화살표처럼 바깥쪽으로 중력 F가 작용한다. 이 오르막 경사의 각도를 θ라고 했을 때 중력의 성분은 다음과 같다.

$$F = mg\sin\theta$$

궤도는 중력의 성분에 의해 그림 1처럼 포물선을 그린다. 다시 말해 궤도는 점점 홀컵에서 멀어진다.

반대로 내리막 궤도에서는 어떨까? 그림 2의 빨간색 화살표처럼 중력 F는 안쪽으로 작용하고 궤도는 포물선을 그린다. 그림 2를 보면 제 궤도에서 벗어나도 중력 덕분에 다시 홀컵 쪽으로 방향을 트는 것을 알 수 있다.

비법 정리

고르고 매끄러운 그린 위에서 내리막 퍼팅을 할 때, 약간 강하게 치면 볼은 중력에 의해 홀컵 쪽으로 방향을 튼다. 나이스 인!

그림 2 내리막 퍼팅이 오르막 퍼팅보다 홀컵에서 잘 벗어나지 않는다

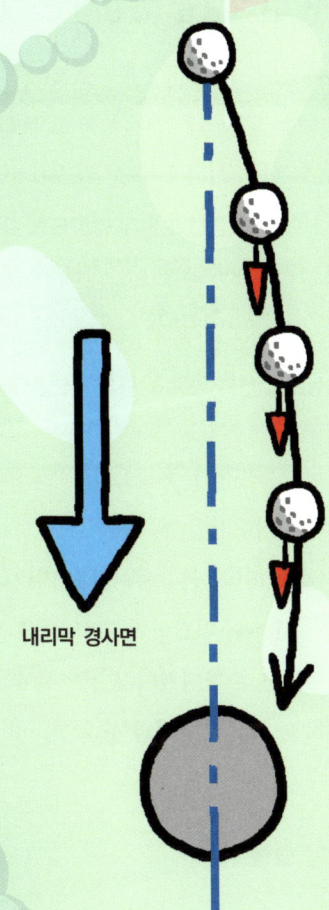

내리막 경사면

$\mathcal{F} = mg \sin\theta$

※ θ는 내리막 경사의 각도

내리막에서는 중력 때문에 볼이 홀컵 쪽으로 방향을 튼다. 나이스 인!

4-6 그린의 잔디결을 판단하는 비법

비법의 핵심

잔디결이 홀컵 방향으로 나 있는지, 홀컵과 반대 방향으로 나 있는지 여부에 따라 볼이 굴러가는 거리는 30% 정도 차이가 난다. 그럼 잔디결을 어떻게 판단할 수 있을까? 도수 높은 돋보기안경이나 손에 쥐는 돋보기를 사용하여 사방 10센티미터를 직접 살펴보는 방법이 있다. '잔디결은 산 쪽에서 바다 쪽으로 쏠려 있다'는 등의 격언은 도움이 되지 않는다.

● 비법 공개

잔디결이 순결인지 역결인지에 따라 볼이 굴러가는 거리는 전혀 달라진다. 10미터를 목표로 볼을 쳤을 때, 역결이면 7미터밖에 나가지 않고 순결이면 13미터나 나간다. 그러므로 잔디결이 순결인지 역결인지 판단하는 것은 매우 중요하다. 그리고 횡결도 무시할 수 없다.

그림 1 자주 쓰이는 잔디결 판단 요령

많은 골프 지도서에는 순결과 역결을 판단하는 요령이 쓰여 있다. 예를 들면 다음과 같다.

① 산에서 불어오는 바람이 잔디의 성장에 영향을 주기 때문에 산 쪽에서 계곡(바다)을 향해 잔디결이 쏠린다. 즉 산에서 봤을 때 순결이다.
② 잔디결은 남쪽을 향한다. 잔디는 태양을 쬐며 성장하기 때문이다.
③ 3미터 간격으로 잔디결이 반대가 된다. 예초기가 3미터 간격으로 방향을 바꾸며 움직이기 때문이다.
④ 잔디면이 빛나면 순결, 빛나지 않으면 역결이다. 그림 1-④처럼 잔디가 맞은편으로 쓰러져 있으면 햇빛이 반사되어 빛나기 때문이다.

이러한 격언은 맞는 것도 있지만, 대체로 틀리다. 봄의 계절풍은 장소에 따라 방향이 달라지기 때문이다.
그리고 산에서 바람이 불어와서 잔디결에 영향을 미치는 것은 사실이지만, 산이 남쪽에 있다면 어떨까? '잔디는 태양을 쬐며 성장하기 때문에

잔디는 태양을 향해 자란다.

잔디결은 남쪽을 향한다'는 말과 모순이 된다. 또 햇빛이 비치는 곳이 꼭 남쪽이라고도 할 수 없다. 숲이나 산에 가로막혀 서쪽에서만 햇빛이 비칠 수도 있다.

따라서 잔디결을 판단할 때는 잔디의 위쪽과 옆쪽에서 직접 잔디의 모양을 살펴보는 것이 가장 손쉽고 빠르다. 그러나 허리를 굽혀 잔디면을 일일이 살펴보다 보면 주위에 폐를 끼치게 될 것이다. 이때는 도수가 높은 돋보기안경을 써서 재빨리 잔디결을 판단하라. 손에 쥐고 사용하는 돋보기를 주머니에 넣고 다녀도 괜찮다. 렌즈에 정사각형의 틀을 만들어 놓는다(그림 2). 이 틀에 대략 사방 10센티미터 정도의 잔디가 들어가게 한다. 그리고 연습을 통해 이 틀 안의 잔디결 방향을 판단할 수 있도록 노력한다.

틀 안의 잔디를 보면 순결, 역결, 횡결이 섞여 있을 것이다. 그러므로 틀 안의 잔디를 하나하나 신경 쓰기보다는, 얼추 봐서 어떤 방향이 많은지 몇 초 만에 판단할 수 있도록 한다. 연습이 필요하므로 플레이하기 전에 코스 연습장에서 실제로 몇 번 시도해본다.

비법 정리

돋보기안경 렌즈에 틀을 만들어, 그 틀 안에서 보이는 잔디가 전체적으로 어느 쪽을 향하고 있는지 살펴보고 순결인지, 역결인지 판단한다.

제4장 퍼팅의 비법

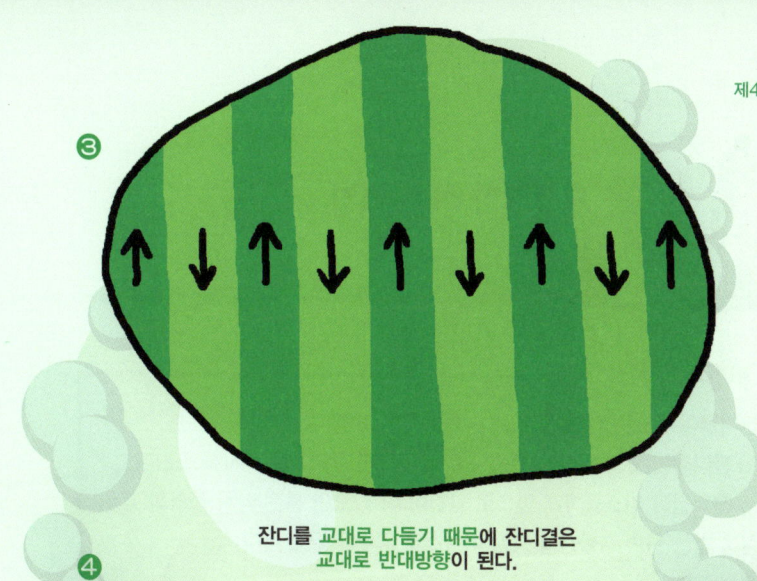

잔디를 교대로 다듬기 때문에 잔디결은 교대로 반대방향이 된다.

 그림 2 즉석에서 잔디결을 판단하는 비법

왼쪽으로 향한 잔디가 많군!

4-7 횡결에서 치는 비법

비법의 핵심

잔디결이 횡결일 때 볼을 치는 방법은 다음과 같다.
① 잔디결이 홀컵 방향에 수직으로 나 있으면 잔디결을 무시하고 친다.
② 잔디결이 비스듬하게 옆으로 역결이 나 있으면 볼은 마치 중력의 영향을 받는 듯한 포물선을 그린다는 것을 염두에 두고 친다.

● 비법 공개

그린의 잔디결이 홀컵 방향에 수직으로 나 있으면 당연히 볼에 아무런 영향을 미치지 않는다. 그림 1처럼 잔디가 거의 수평으로 누워 있을 때는 더욱 그렇다. 잔디가 완전히 누워 있지 않는 경우라도 잔디결의 영향은 적다.

그러나 그림 2처럼 완전한 횡결이 아니라 약간 비스듬하게 옆으로 역결이 나 있는 경우는 이야기가 달라진다. 잔디결이 볼의 진행을 방해하기 때문에 궤도는 바깥쪽으로 휘어진다. 그리고 이 궤도는 마치 중력의 영향을 받는 듯한 포물선을 그린다. 중력의 영향과는 전혀 다른 점도 있는데, 그것은 포물선 궤도의 후반부에서 발견된다. 잔디 위의 실제 포물선 궤도는 그림 2처럼 휘어지다가 어느 시점에 가서는 잔디결에 수직이 된다. 그 이후로는 그림 1과 같아지고 그대로 직선으로 굴러간다.

그렇다면 비스듬한 잔디결이 순결이면 어떨까? 이때도 마치 중력의 영향이 미치는 듯한 힘이 작용할까? 아니다. 이 경우에 잔디결의 영향은 전혀 없다.

제4장 퍼팅의 비법

그림 1 잔디결이 홀컵 방향에 수직으로 나 있을 때

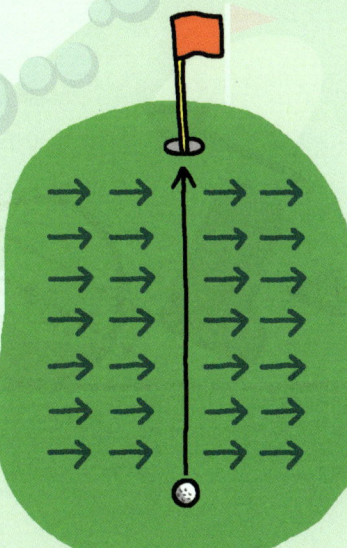

완전한 횡결일 때는 잔디결을 무시하고 평소처럼 치면 된다.

그림 2 비스듬한 역결일 때

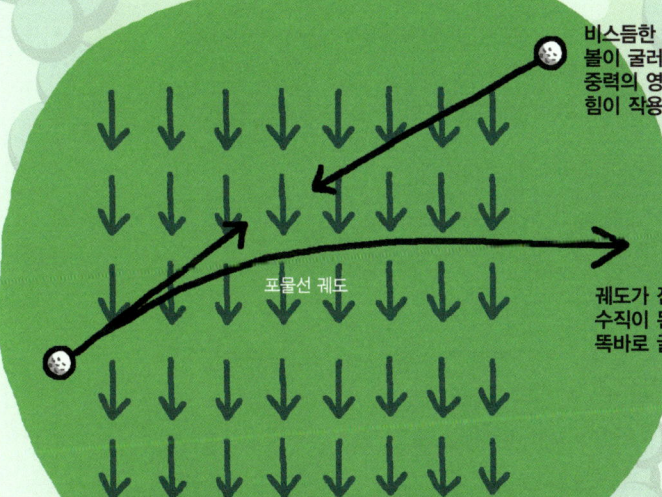

비스듬한 순결에서 볼이 굴러갈 때는 중력의 영향이 미치는 듯한 힘이 작용하지 않는다.

포물선 궤도

궤도가 잔디결 방향과 수직이 된 후로는 똑바로 굴러간다.

비스듬한 역결에서 볼이 굴러갈 때는 중력의 영향이 미치는 듯한 힘이 작용한다.

◯ 과학적 원리

잔디결이 비스듬한 역결이면 볼의 궤도가 왜 오른쪽으로 휘어질까? 그것은 빛의 굴절 법칙과 비슷하다. 그림 3처럼 잔디결이 y방향으로 쏠려 있다고 하자. 여기에 y방향에 수직인 x방향을 설정한다. 잔디결이 y방향으로 나 있기 때문에 y방향을 향해 움직이는 운동을 방해하지만, x방향에는 아무런 방해가 없다. 일반적으로 방해나 다른 영향이 없으면 '운동량 보존 법칙law of conservation of momentum'이 성립한다. 잔디결의 영향을 받기 전 볼의 속도를 v, 영향을 받은 후의 속도를 v'이라고 하고 y축에 대한 각도를 각각 i와 r이라고 한다면 운동량 mv, mv'의 x성분은 보존되기(변화가 없기) 때문에(운동량 보존 법칙) 다음과 같은 식이 성립한다.

$$v \sin i = v' \sin r$$

따라서 다음과 같은 식이 된다.

$$\sin i / \sin r = v'/v$$

물론 잔디결의 영향을 받기 전 볼의 속도 v가 더 크기 때문에 v'/v는 1보다 작다. 즉 $\sin i/\sin r$은 1보다 작다. 다시 말해 각도 r은 각도 i보다 크다. 이것을 그림 3으로 나타냈다. 이러한 원리로 궤도가 오른쪽으로 휘어진다는 것을 알 수 있다.

비법 정리

잔디결이 횡결일 때 그림 2처럼 비스듬한 역결이면 볼은 오른쪽으로 휘어진다. 그 밖의 횡결은 볼의 궤도에 영향을 미치지 않는다.

그림 3 잔디결의 영향을 받아 궤도가 오른쪽으로 휘어지는 원리

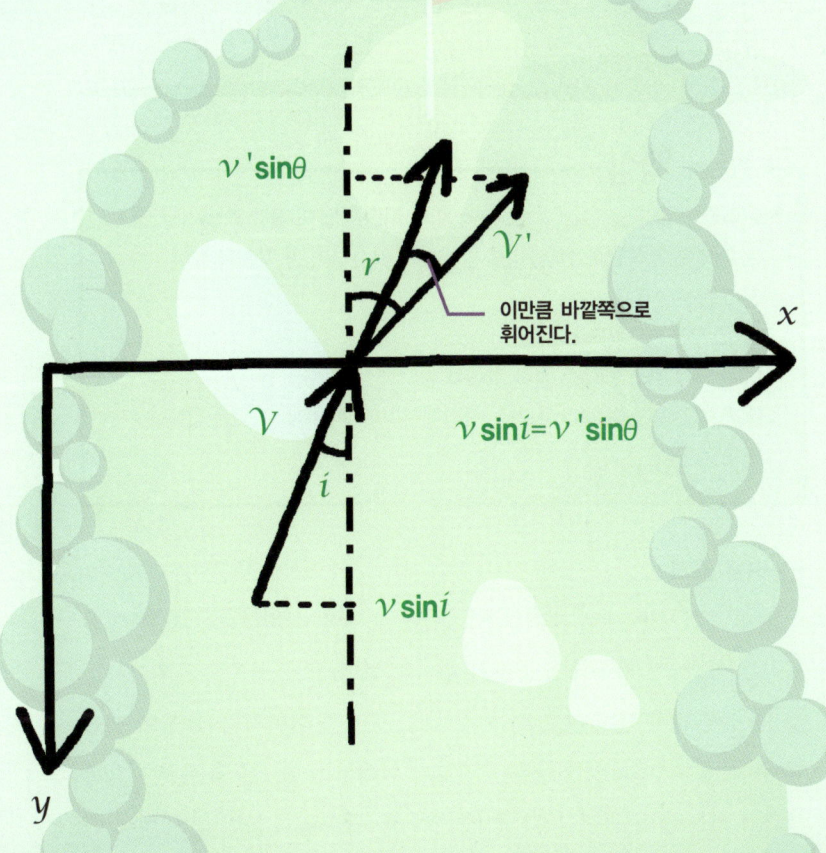

4-8 퍼팅이 왼쪽으로 휘지 않는 비법

비법의 핵심

아마추어 골퍼(실은 프로 골퍼도 마찬가지)가 퍼팅한 볼이 홀컵을 벗어날 때는 대부분 왼쪽으로 휜다. 이를 방지하기 위한 방법은 다음과 같다.
① 오른손의 힘을 뺀다.
② 토 부분으로 임팩트한다.
③ 손의 위치를 반대로 하여 그립을 쥔다.
①과 ③은 연습이 필요하므로, 즉석에서 바로 대처할 수 있는 ②의 방법을 권한다.

🌕 비법 공개

볼이 홀컵 왼쪽으로 벗어나는 바람에 퍼팅에 실패하는 이유는 여러 가지가 있다. 그 가운데 오른손의 힘이 강해 헤드가 왼쪽으로 휘어지는 것, 팔을 완전히 뻗지 않고 치는 것, 헤드 궤도가 휘어지는 것 등이 대표적이다(그림 1). 이러한 현상을 방지하기 위해서는 헤드를 홀컵 방향으로 정확히 치는 것이 최선이지만, 이는 말처럼 쉽지 않다. 그러면 어떻게 해야 할까?

여기 그런 고민을 일시에 날려버리는 비법이 있다! 볼을 헤드의 중심으로 맞히지 말고 약간 토 쪽으로 치우쳐 맞히는 기술이다(그림 2). 그러면 임팩트할 때 그 반작용(반동)으로 헤드가 약간 오픈된다. 헤드가 오픈되면 볼이 오른쪽으로 휘어져 굴러간다. 이것이 왼쪽으로 볼이 휘어지는 현상을 방지하는 기술이다.

제4장 퍼팅의 비법

 **오른손의 힘이 강하면 왼쪽으로 휘어진다**

오른손의 힘이 강해서 볼이 왼쪽으로 휘어져버린다.

🔵 과학적 원리

헤드의 중심점에서 r만큼 벗어난 지점에 볼이 임팩트되었을 때, 임팩트의 충격력을 $\mathcal{F}$, 힘의 모멘트를 $\mathcal{N}$이라고 하면 다음과 같은 식이 성립한다.

$$\mathcal{N} = r \times \mathcal{F}$$
힘의 모멘트 = 헤드의 중심점에서 벗어난 거리 × 임팩트의 충격력

힘의 모멘트에 의해 헤드가 무게중심 주위에서 회전한다. 회전의 각속도 변화량은 임팩트 시간 t에 대해 다음과 같은 식이 성립한다.

$$(r \times \mathcal{F})/It$$
(헤드의 중심점에서 벗어난 거리 × 임팩트의 충격력)/관성모멘트 × 임팩트 시간

I는 무게중심 주위에서 발생하는 헤드의 관성모멘트이다(수직축). 다시 말해 헤드의 변화량은 r에 비례한다. 임팩트되는 곳이 토 쪽에 치우칠수록 헤드의 기울기는 커진다. 따라서 볼이 홀컵에서 벗어나는 정도를 파악한 후 임팩트 위치를 조정하면 된다.

비법 정리

볼이 홀컵 왼쪽으로 자주 벗어나는 골퍼는 토 부분으로 임팩트한다. 임팩트하는 곳이 중심점에서 벗어나면, 벗어난 거리에 비례하여 오른쪽으로 휘어지는 정도가 커진다.

제4장 퍼팅의 비법

그림 2 왼쪽으로 휘어지는 현상을 방지하기 위한 기술

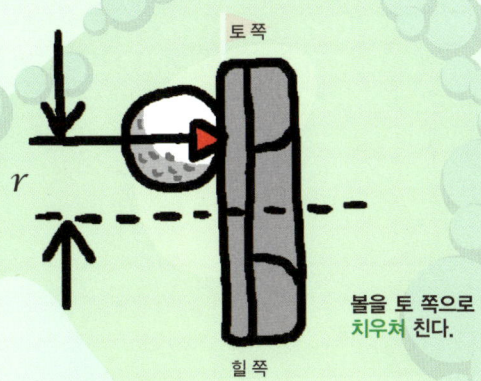

볼을 토 쪽으로
치우쳐 친다.

퍼팅할 때 볼이 왼쪽으로 잘 휘어지는 골퍼는
볼을 토 쪽으로 치우쳐 친다. 그러면 헤드가 오른쪽으로
기울기 때문에 볼이 왼쪽으로 휘어지는 현상을 줄일 수 있다.

제 **5** 장

클럽의 특성을 살려 치는 비법

5-1 로프트각과 타구의 관계

> **비법의 핵심**
>
> 로프트각이란 페이스의 기울기를 뜻한다. 각도가 크면 볼을 높이 띄울 수 있다. 하지만 스윙 방법에 따라 높이는 많이 달라진다.

● **비법 공개**

보통 로프트각은 리얼 로프트각real loft angle을 사용한다. 리얼 로프트각이란 그림 1처럼 샤프트를 수직으로 세웠을 때 페이스면이 기울어진 각도를 나타낸다. 일반적으로 드라이버는 9~11°(여성용은 12~14°)이다. 3번 우드는 15°, 5번 우드는 18° 정도다. 일본에서는 드물지만 외국에서는 여성이 드라이버 대신 2번 우드(로프트각 14°)를 사용하는 경우도 있다.

볼을 높이 띄우기 위해서는 당연히 로프트각이 큰 클럽을 사용해야 한다. 하지만 볼의 높이는 로프트각으로만 결정되는 것이 아니므로 주의한다. 상황에 따라 다르지만, 보통 아마추어 골퍼는 상승각 30°(그림 2)로 치는 것이 이상적이다.

상승각이 30°보다 작으면 로프트각이 큰 클럽을 사용해야 한다. 그리고 임팩트 순간 헤드가 하강 궤도를 그리도록 볼을 쳐야 한다. 이것을 '다운블로 궤도'라고 한다(그림 3). 반대로 상승각이 커서 볼이 너무 높이 뜨면 임팩트할 때 헤드가 상승궤도를 그리도록 볼을 쳐야 한다. 이것을 '어퍼블로 궤도'라고 한다(그림 4). 일반적으로 상승 궤도로 볼을 치면 볼이 왼쪽으로 휘어지고, 하강 궤도로 볼을 치면 볼이 오른쪽으로 휘어진다.

제5장 클럽의 특성을 살려 치는 비법

그림 1 리얼 로프트각

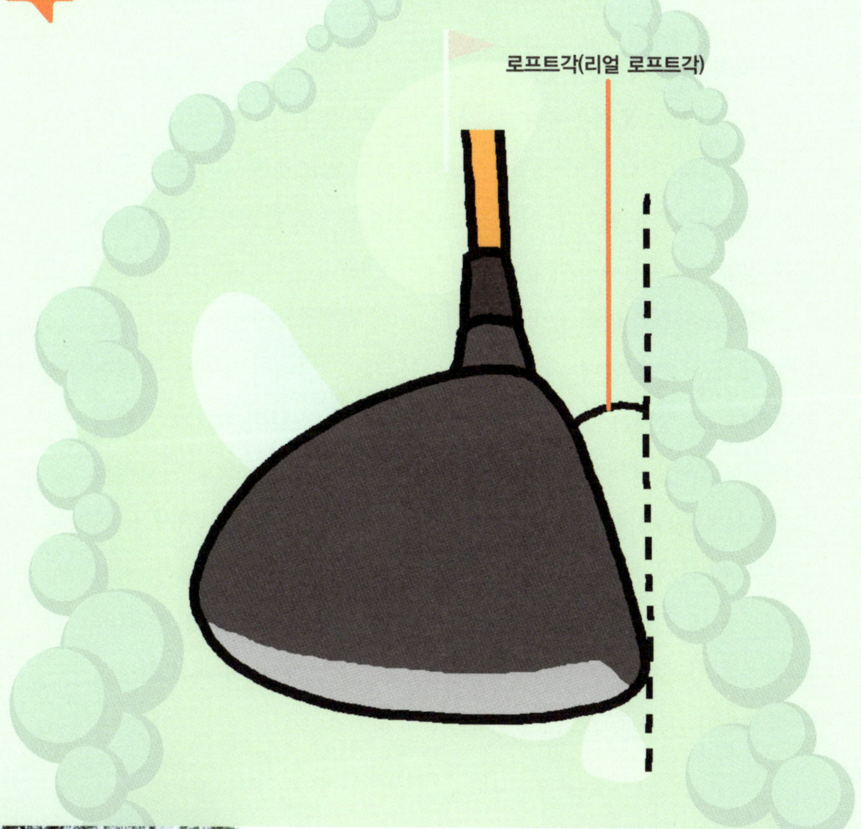

로프트각(리얼 로프트각)

● 과학적 원리

볼이 높이 뜨는 조건은 주로 두 가지를 들 수 있다.

첫째는 그림 5처럼 볼이 스위트 스폿(페이스의 한가운데)에서 벗어나 약간 위에서 임팩트됐을 때이다. 이때는 그림 5처럼 힘의 모멘트가 작용하여 헤드가 위쪽으로 회전하기 때문에 볼이 높이 뜬다.

둘째는 스핀으로 인해 볼이 뜨는 힘(양력)이 발생할 때이다.

그림 6처럼 볼이 임팩트됐을 때 볼에는 페이스면에서 발생한 항력이 작용한다. 이 항력은 보통 페이스면에 수직이다. 그런데 헤드가 임팩트되는 순간, 하강 궤도에 있으면 페이스면은 볼의 아래쪽으로 미끄러지고, 볼에는 그림 6처럼 오른쪽으로 회전하는 스핀이 발생한다. 여기서 '왼손 법칙'이 다시 등장한다. 왼손을 주먹 쥐고 높이 들어 올려보라. 엄지를 제외한 네 손가락이 가리키는 방향은 스핀의 회전 방향이고, 손을 올린 방향은 양력의 방향이다. 상승 궤도에서 볼을 치면 양력 대신 하강력이 발생한다.

비법 정리

먼저 평소에 치는 볼의 궤도와 방향을 잘 파악한다. 볼을 높이 띄우는 것이 좋겠다고 판단하면 로프트각이 큰 클럽을 사용하며 하강 궤도로 스윙한다. 그리고 티를 조금 높이 꽂아 스위트 스폿의 약간 윗부분으로 임팩트한다.

제5장 클럽의 특성을 살려 치는 비법

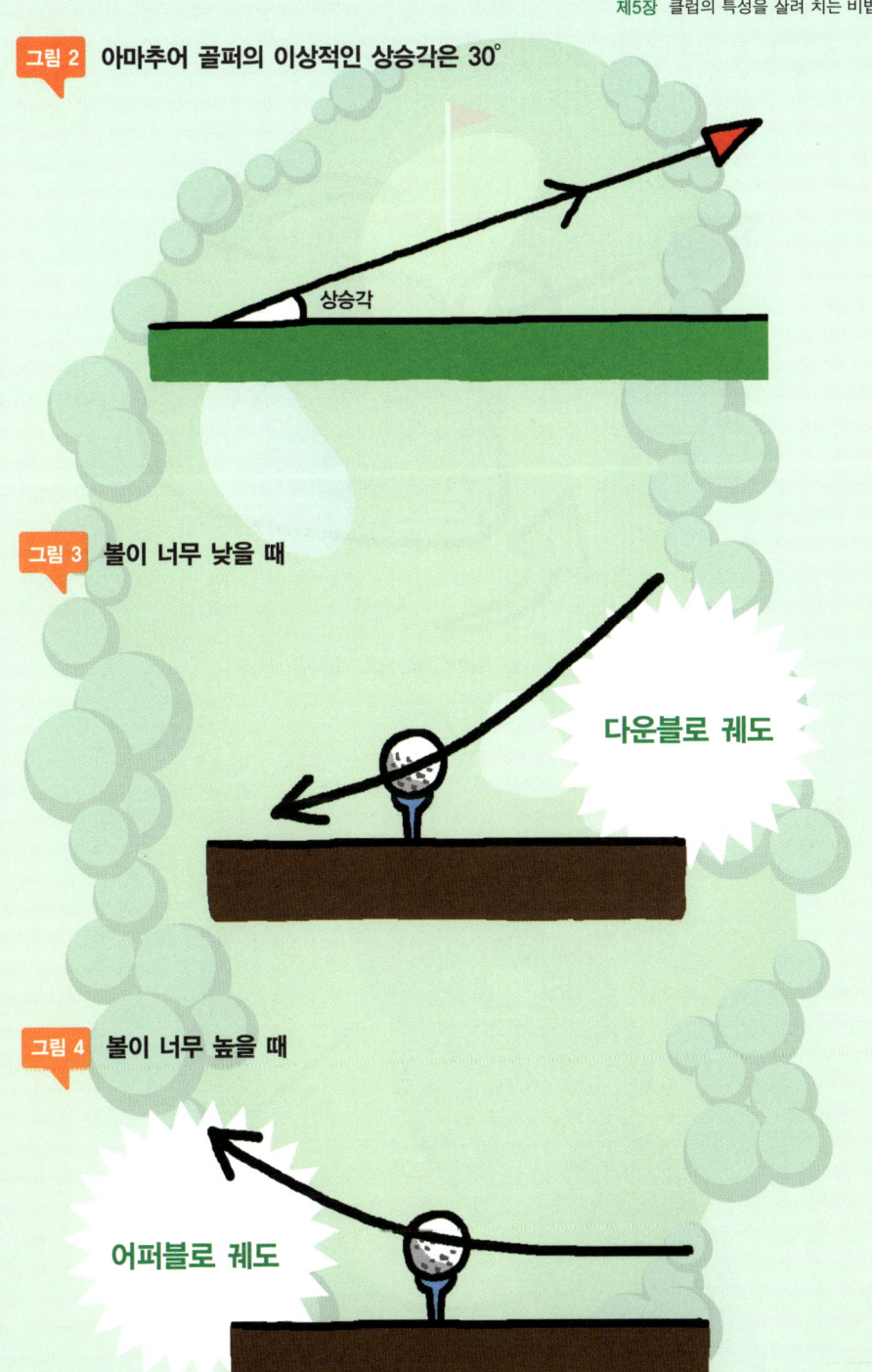

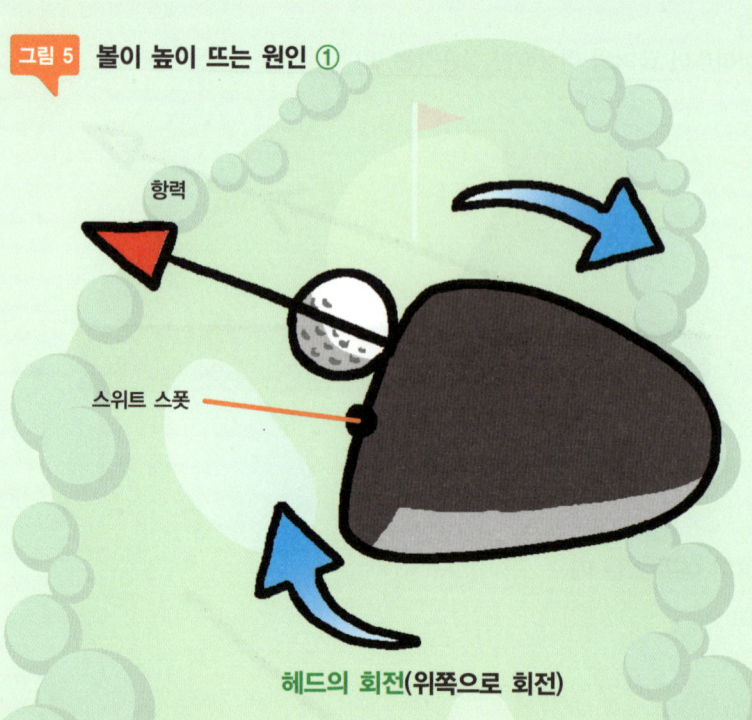

그림 5 볼이 높이 뜨는 원인 ①

항력
스위트 스폿
헤드의 회전(위쪽으로 회전)

제5장 클럽의 특성을 살려 치는 비법

그림 6 볼이 높이 뜨는 원인 ②

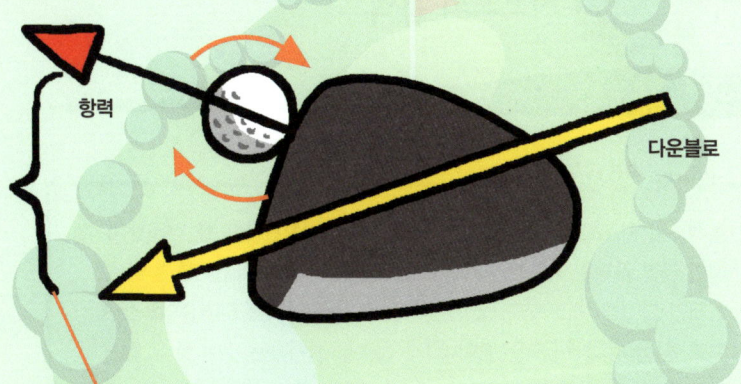

항력
다운블로

이만큼 페이스가 미끄러진다 → 볼은 오른쪽으로 스핀이 걸린다 → 양력이 발생한다

손가락
왼손

이때는 볼이 날아가는 방향을 향해 선다.

5-2 샤프트의 플렉스

비법의 핵심

플렉스란 샤프트의 단단함과 부드러움, 즉 휘어지는 정도를 나타낸다. 힘이 약한 골퍼는 샤프트가 부드러운 클럽을 골라야 비거리를 늘릴 수 있지만 그만큼 미스 샷도 많아진다. 젊은 남성 골퍼는 S나 SR을 선택하고, 남성 시니어 골퍼는 R이나 R2 정도를 선택하는 것이 좋다. 젊은 여성 골퍼는 A나 L, 여성 시니어 골퍼는 L이나 R3 등이 좋다.

◯ 비법 공개

샤프트가 휘어지는 정도(플렉스)는 그림 1처럼 클럽의 한쪽 끝을 고정하고 반대쪽에 추를 달아 측정한다. 샤프트가 굵은 쪽을 고정해서 측정한 것을 '순식 플렉스', 샤프트가 가는 쪽을 고정해서 측정한 것을 '역식 플렉스'라고 한다. 일반적으로 이 둘의 평균을 내서 플렉스의 기준으로 삼는다. 플렉스 표시의 예는 다음과 같다.

X S SR R R2 A L R3
단단함 ←   → 부드러움

플렉스 표시가 오른쪽으로 갈수록 플렉스가 부드러워진다. 즉 가장 단단한 플렉스가 X이고, 가장 부드러운 플렉스가 R3이다.

잘 휘어지는 샤프트로 스윙하면 임팩트 순간 헤드가 전방으로 튀어나와 그만큼 임팩트에 힘이 붙는다. 이것이 1-5에서 설명한 '원심력'의 효과

제5장 클럽의 특성을 살려 치는 비법

그림 1 플렉스 측정법

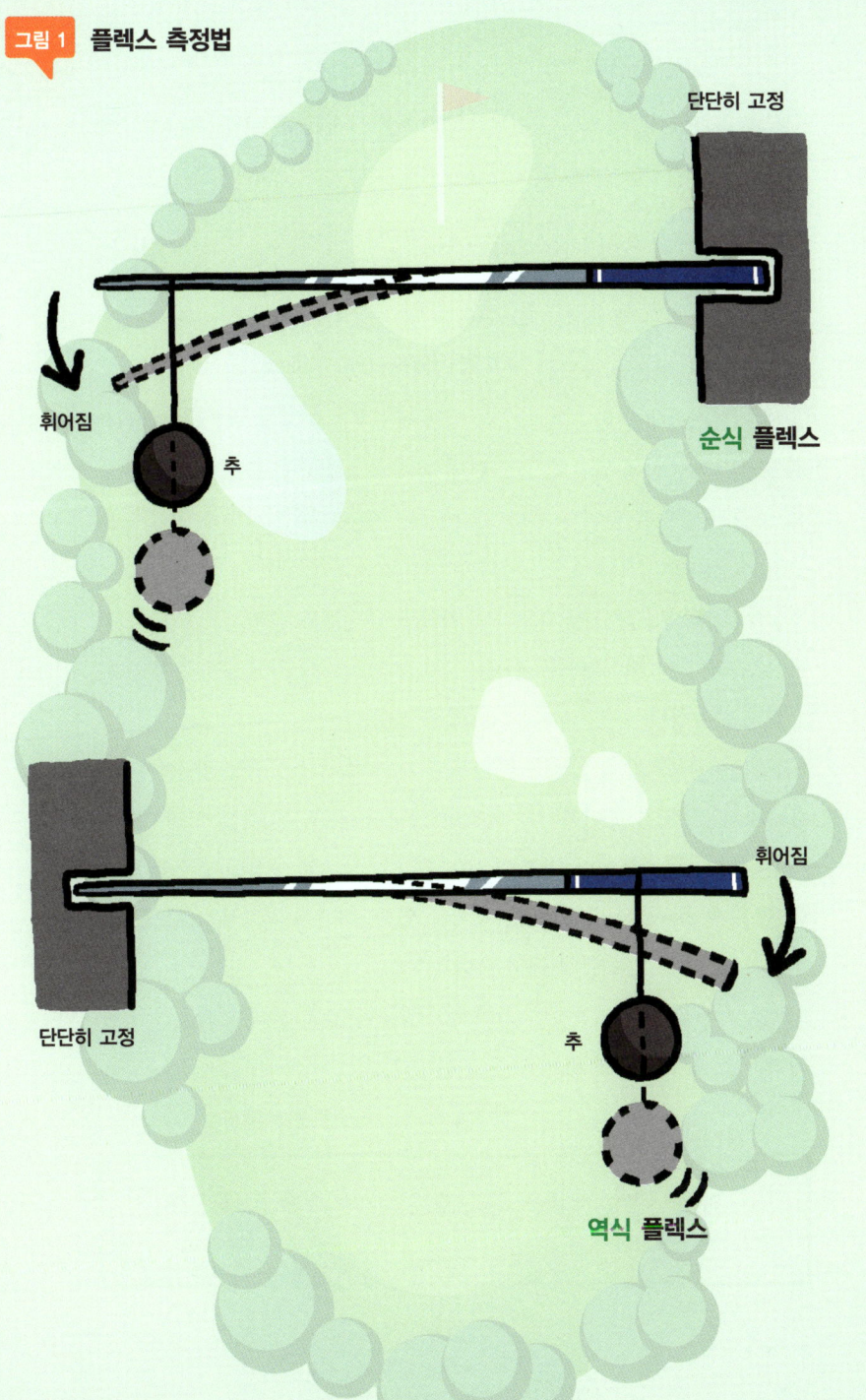

다(그림 2). 하지만 샤프트가 전방으로만 휘어지지는 않는다. 그림 3처럼 아래쪽으로 처지기도 한다. 따라서 생각지도 못한 미스 샷을 범할 수 있다.

⚪ 과학적 원리

원운동을 하는 물체에는 원 바깥쪽으로 나가려는 힘(관성력)이 작용한다. 원심력은 원운동 속도의 제곱에 비례한다.

헤드는 스윙에 의한 원심력으로 인해 바깥쪽으로 힘을 받는다. 이 힘은 헤드의 무게중심에 작용한다. 그런데 이 무게중심 G는 그림 2처럼 샤프트의 중심선 옆으로 벗어나 있다. 그 때문에 샤프트는 원심력에 의해 전방으로 튀어나간다.

임팩트 직전에 헤드 스피드가 증가하면 원심력도 증가하고 헤드가 전방으로 더 많이 튀어나가게 된다. 그러면 임팩트가 강해지고 볼을 치는 속도도 증가한다.

그러면 샤프트가 부드러운 클럽으로 치는 것이 원심력을 활용하는 데 유리할까? 분명히 유리하기는 하지만 생각지 못한 부작용도 있다. 그림 3을 한 번 더 살펴보겠다. 헤드의 무게중심은 샤프트 중심선 옆으로 벗어나 있을 뿐 아니라 위아래로도 벗어나 있다. 따라서 샤프트는 밑으로도 처진다. 이것을 '토 다운'이라고 한다(1-5 참조).

샤프트가 너무 부드러우면 휘어지는 효과가 토 다운에도 작용하여 볼이 페이스 윗부분에 맞아 미스 샷을 범한다.

비법 정리

힘이 약해서 비거리가 짧은 골퍼는 플렉스가 부드러운 클럽을 고른다. R2나 A가 적당하다.

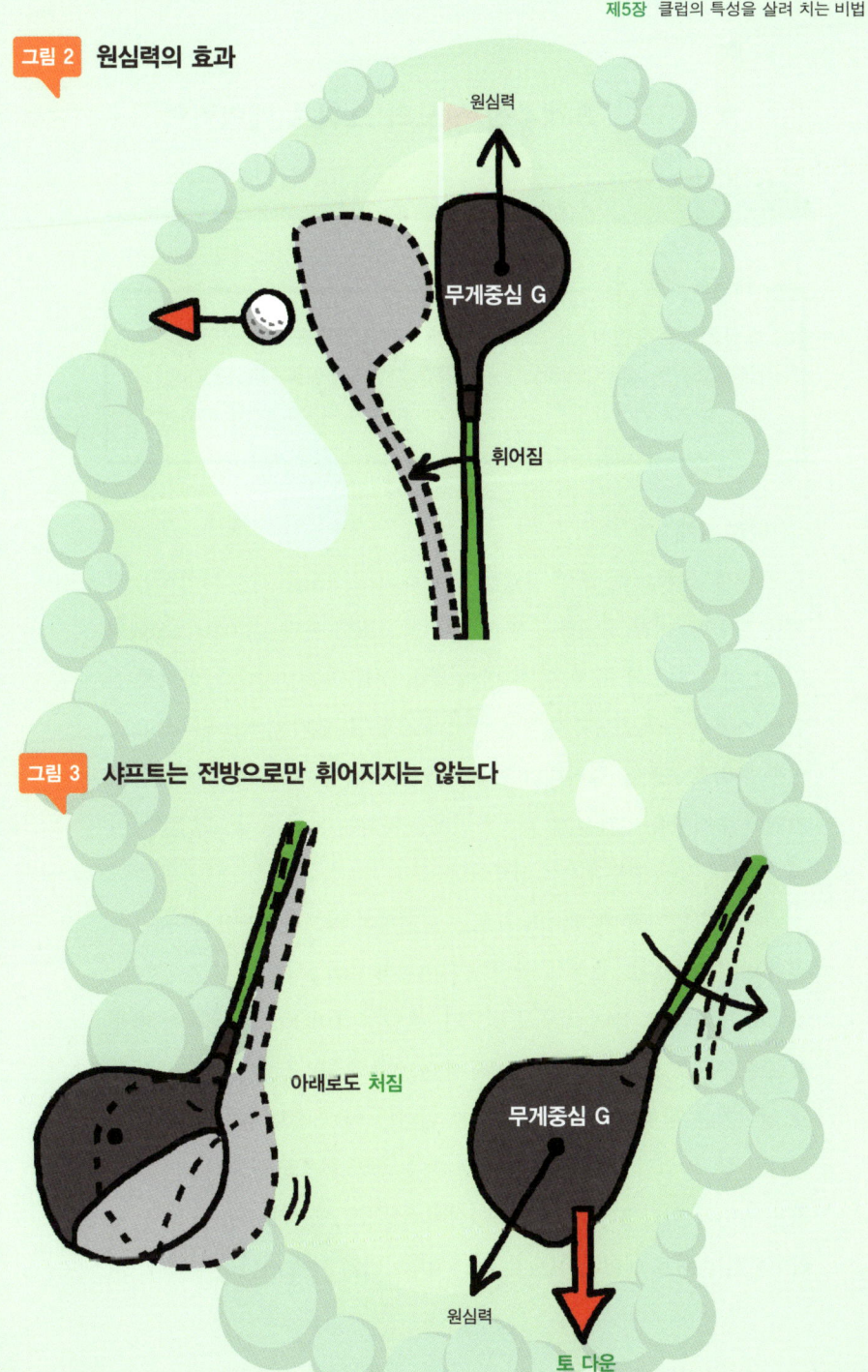

5-3 무게중심 심도와 스위트 에어리어

비법의 핵심

스위트 스폿 주변에 있는 스위트 에어리어가 넓을수록 미스 샷이 적어진다. 스위트 에어리어의 넓이는 무게중심 심도가 깊을수록, 관성모멘트가 클수록 커진다.

🌕 비법 공개

'스위트 스폿'이란, 볼이 맞았을 때 최대의 초속도를 내는 이상적인 위치를 말한다. 이때 경쾌한 스윙을 했다는 느낌이 든다. 스위트 스폿에서 임팩트하면 헤드의 무게중심에 볼이 맞은 것과 마찬가지이다. 따라서 스위트 스폿은 무게중심과 일직선에 있다고 할 수 있다. 클럽 페이스 위에 있는 스위트 스폿을 알아내기 위해서는 그림 1처럼 무게중심 G에서 페이스면에 수직선을 그었을 때 페이스면과 교차하는 지점을 찾으면 된다. 이때 이 선의 길이가 무게중심 심도이다.

볼이 스위트 스폿에 맞으면 헤드는 회전하지 않는다. 그러나 아마추어 골퍼는 볼을 스위트 스폿에 맞히기가 어렵다. 그림 2처럼 볼이 스위트 스폿에서 벗어나 토 쪽에 치우쳐 맞으면, 헤드는 그 반동으로, 위에서 봤을 때 오른쪽으로 회전한다. 다시 말해 볼은 오른쪽으로 날아간다. 오른쪽으로 날아가는 방향이 5% 정도 오차가 난다면 어느 정도 허용 범위 안에 있다고 할 수 있다. 다시 말해 스위트 스폿 주변에는 볼을 맞혀도 괜찮은 허용 범위가 있다고 할 수 있다. 이것이 '스위트 에어리어'이다. 보통 드라이버의 스위트 에어리어는 지름 2.5센티미터의 원에 가까운 형태다. 당

제5장 클럽의 특성을 살려 치는 비법

그림 1 스위트 스폿

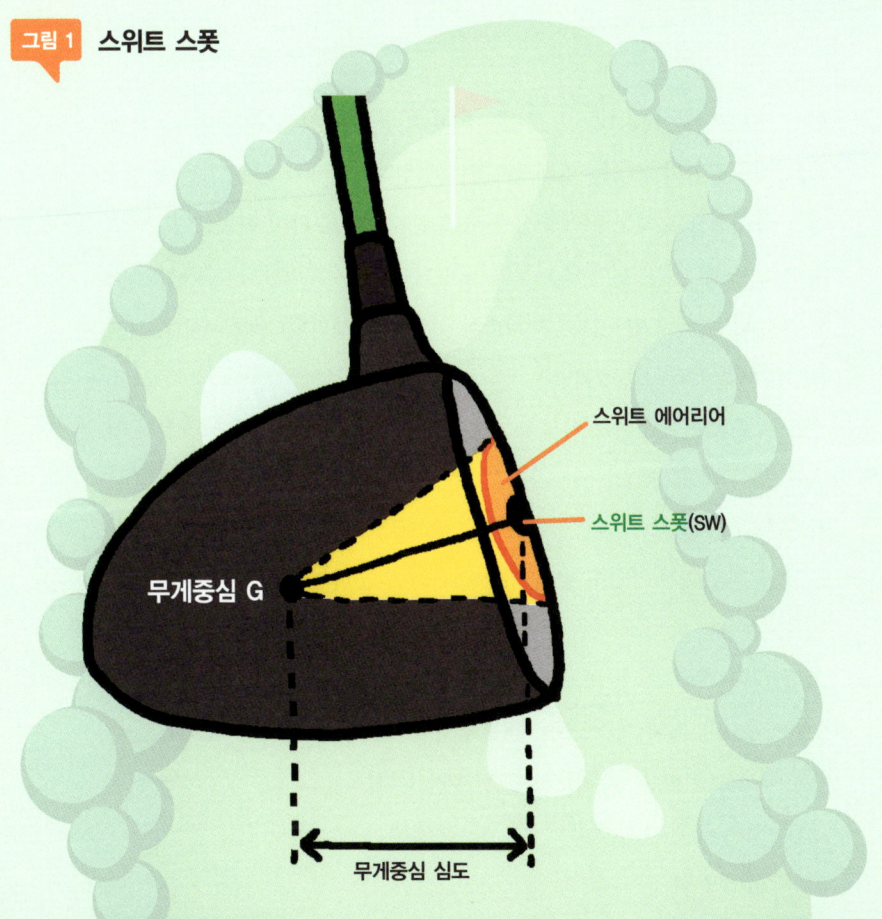

연히 스위트 에어리어가 큰 클럽을 사용해야 미스 샷을 줄일 수 있다. 스위트 에어리어의 크기는 입체각으로 설명한다. '입체각'의 크기는 무게중심을 꼭짓점으로 하고 무게중심 심도를 반지름으로 하여 반지름이 구(球)면과 만났을 때, 구면 위에서 이루는 도형의 넓이로 측정한다. 따라서 스위트 에어리어의 크기(지름)는 무게중심 심도에 비례한다(스위트 에어리어의 면적은 무게중심 심도의 제곱에 비례한다).

한편 옆으로 흔들리는 각도는 관성모멘트에 반비례하므로 무게중심 심도가 깊고 관성모멘트가 큰 클럽이 좋다. 이것을 동시에 충족시키는 클럽이 헤드가 큰 드라이버다. 하지만 헤드가 크면 스윙의 관성모멘트가 커지는 만큼 휘두르기 어렵고 공기 저항도 많이 받는다는 단점이 있다.

● 과학적 원리

무게중심을 지나 수직으로 내린 축 주위에서 Δt의 시간 동안에 나타나는 헤드의 회전각 증가량 $\Delta \omega$는 다음과 같다.

$$\Delta \omega = \mathcal{N} \Delta t / I$$

헤드의 회전각 증가량 = 무게중심에 대한 볼의 항력 F의 힘의 모멘트 × 시간 / 수직축 주위의 관성모멘트

여기서 $\mathcal{N}$은 무게중심에 대한 볼의 항력 $\mathcal{F}$의 힘의 모멘트이다.

$$\mathcal{N} = r \times \mathcal{F}$$

무게중심에 대한 볼의 항력 F의 힘의 모멘트 = 무게중심에서의 거리 × 무게중심에 대한 볼의 항력

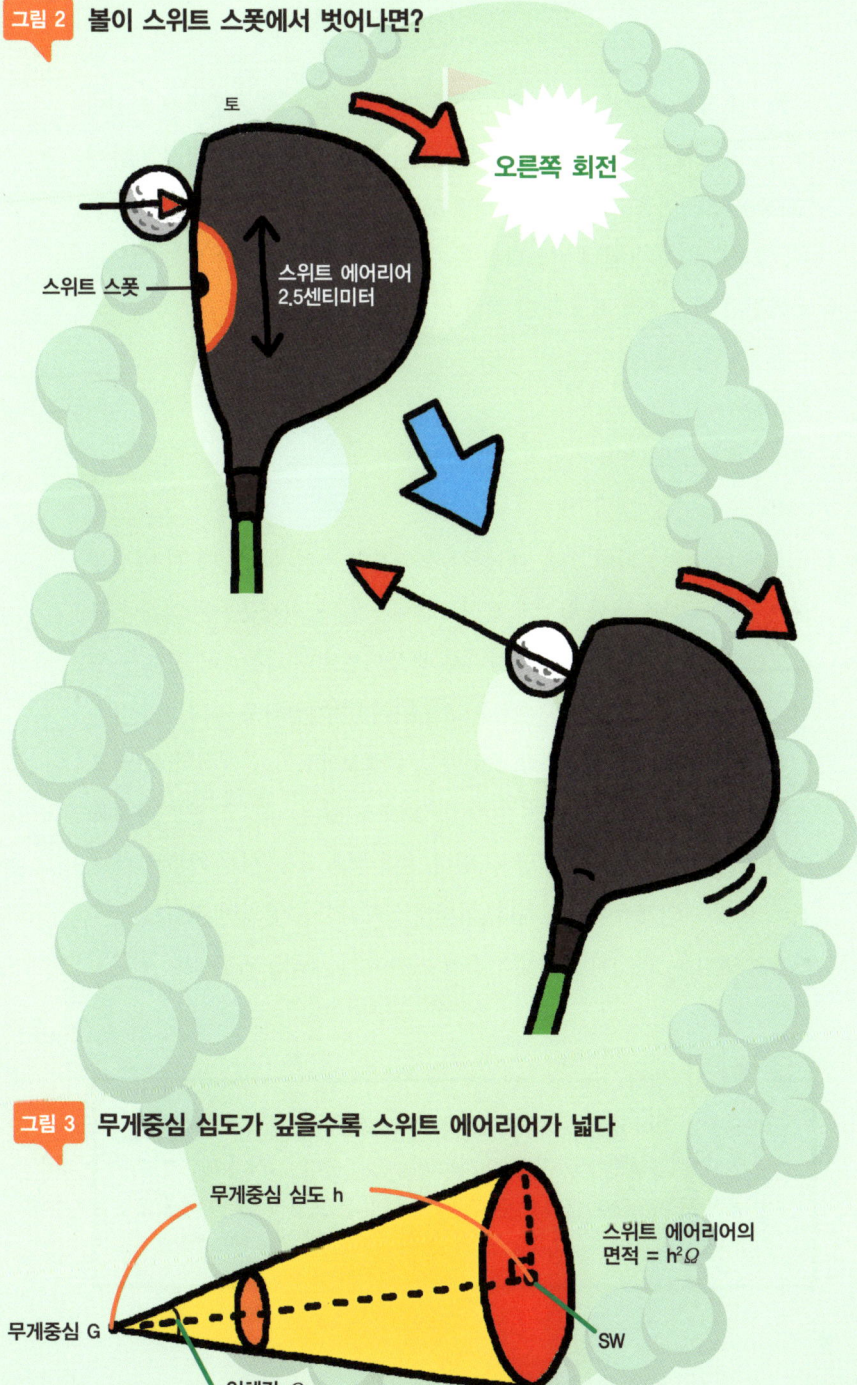

I는 수직축 주위의 관성모멘트이다. 관성모멘트는 축 주위에서 회전이 잘 안 되는 정도를 나타낸다. 회전축 주위에 어떤 물체를 회전시켰을 때 그 물체가 무거울수록, 그리고 회전축에서 멀수록 회전이 잘 되지 않는다. 그러므로 추가 달린 가느다란 축 주위에서 회전이 잘 안 되는 정도는 추까지의 거리 r의 제곱과 그 질량 m에 비례한다(그림 4).

$I = mr^2$

관성모멘트 = 질량 × 추까지의 거리의 제곱

추가 많이 분산되어 있을 때는, 각 추까지의 거리의 제곱에 각 질량을 곱한 값을 차례로 더한 합계가 관성모멘트가 된다. 회전운동은 언제나 관성모멘트가 있어야 일어난다. 따라서 관성모멘트는 회전축이 정해진 후에 결정된다. 헤드의 관성모멘트는 그림 5처럼 무게중심을 지나는 수평축 주위에서 발생한다. 샤프트축 주위에도 관성모멘트가 존재한다. 그리고 스윙의 회전운동과 함께 생기는 관성모멘트도 있다. 이것을 전부 고려하면 헤드가 흔들리는 정도를 알 수 있다. 흔들림은 좌우, 상하 각도로 나타낸다. 이것을 입체각이라고 한다. 이렇게 입체각이 결정되면 스위트 에어리어의 면적은 그림 3처럼 입체각 $\varOmega$에 거리 h의 제곱을 곱한 값이 된다.

> **비법 정리**
>
> 미스 샷을 많이 내는 아마추어 골퍼는 무게중심 심도가 깊고 관성모멘트가 큰 클럽(헤드가 큰 클럽)을 사용하는 것이 좋다. 그러나 헤드가 크면 공기 저항을 많이 받기 때문에 저항을 덜 받는 모양의 드라이버를 골라야 한다.

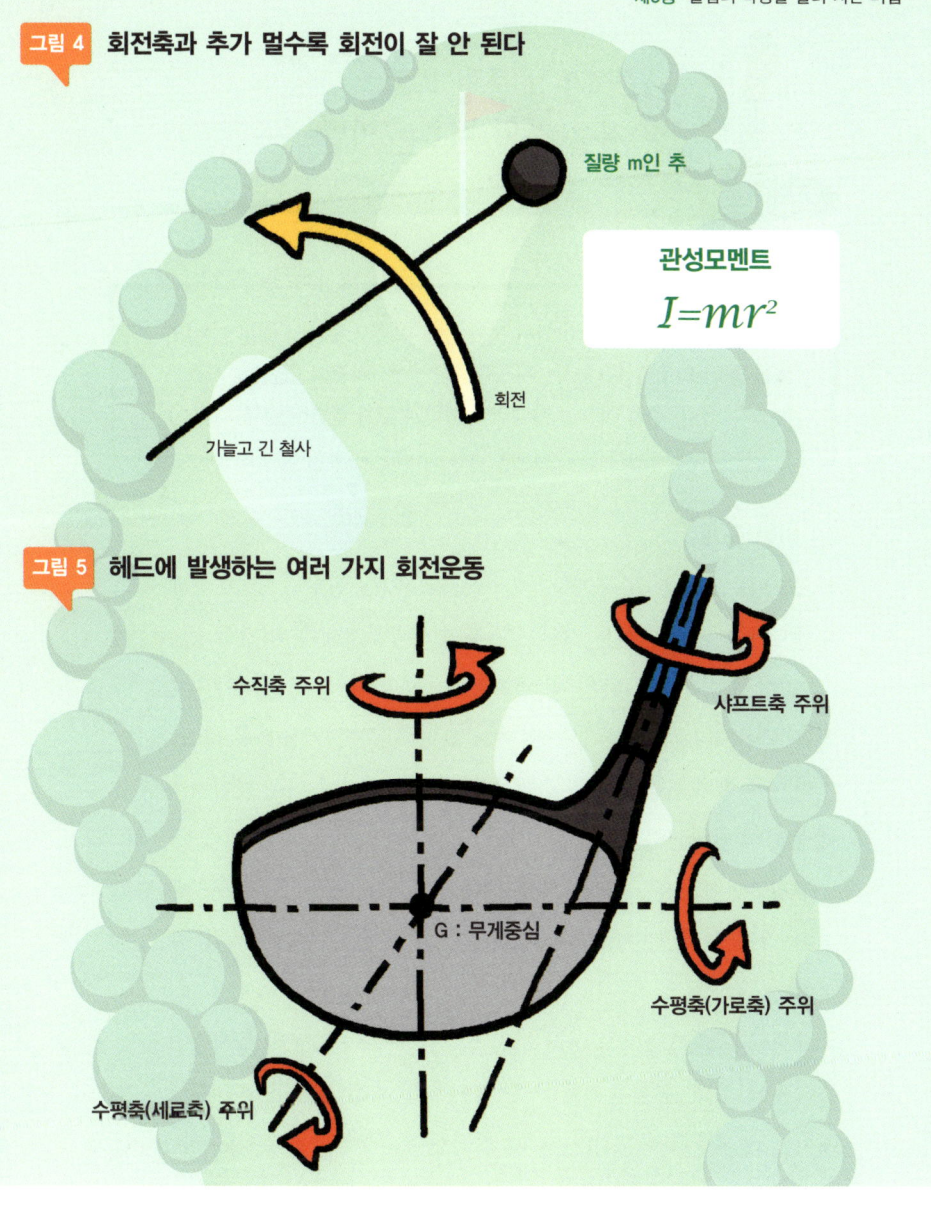

$$S = \Omega \times \hat{h}^2$$

스위트 에어리어=입체각×무게중심 심도의 제곱

5-4 '저중심 클럽'으로 볼을 높이 띄우는 비법

> **비법의 핵심**
>
> 아마추어 골퍼는 페어웨이에서 볼을 높이 띄우지 못하여 애를 먹는다. 볼을 높이 띄우기 위해서는 무게중심이 낮은 '저중심 클럽'을 사용하는 것이 좋다. 추를 장착한 클럽이나 헤드가 얇은 클럽이 좋다.

● 비법 공개

그림 1을 보면 볼의 무게중심이 헤드의 무게중심보다 낮다. 이때 힘의 모멘트가 작용하는 곳은 스위트 스폿의 아랫부분이다. 따라서 헤드는 그림 2처럼 수평축에서 봤을 때 왼쪽으로 회전한다. 볼에는 아래쪽으로 향하는 힘이 작용하여 볼이 높이 뜨지 못한다. 특히 겨울철에 페어웨이의 잔디가 누렇게 말라죽어 있을 때는 볼의 무게중심이 더욱 낮아져서 볼의 궤도도 더 낮아진다.

무게중심이 높은 드라이버를 페어웨이 우드처럼 사용했을 때 볼을 높이 띄울 수 없다는 점을 생각해보면 이러한 원리를 이해할 수 있을 것이다.

그래서 클럽 제조사는 여러 가지 연구를 통하여 헤드의 무게중심을 낮춘다. 가장 쉬운 방법은 그림 3처럼 헤드를 얇게 만드는 것이다. 미국 등지에서는 두께가 겨우 2센티미터에 불과한 스푼^{spoon}(3번 우드)도 시판되고 있다(일본에서는 3.5센티미터 정도). 그러나 볼이 러프의 잔디 위에 떠 있을 때 헤드가 얇은 클럽으로 치면 헤드가 볼 밑으로 파고들어 볼을 맞히지 못할 우려가 있다(그림 4, 2-3 참조).

제5장 클럽의 특성을 살려 치는 비법

그림 1 헤드의 무게중심이 볼의 무게중심보다 높을 때

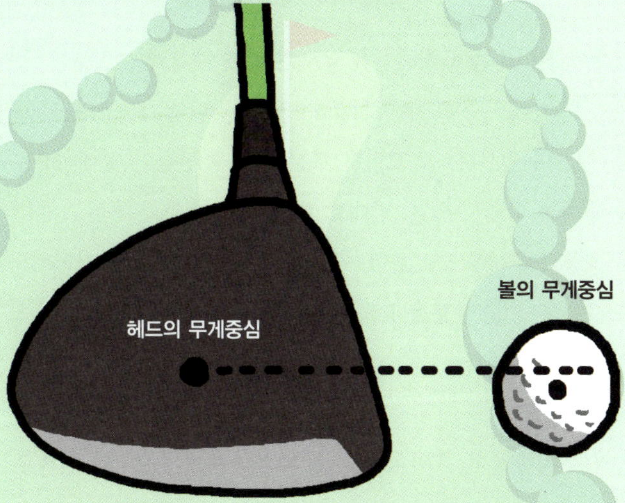

볼의 무게중심

헤드의 무게중심

겨울철 잔디가 말라죽어 있을 때 무게중심은 더 낮아진다.

그림 2 헤드의 무게중심 아랫부분에 볼이 맞으면 왼쪽으로 회전한다

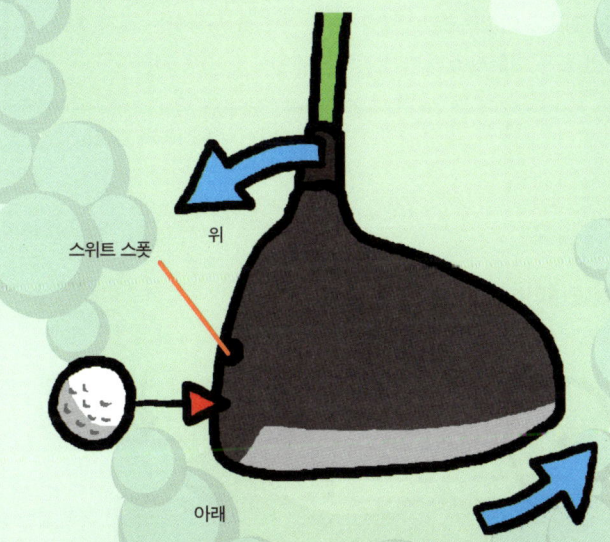

위
스위트 스폿
아래

볼이 헤드의 무게중심 아랫부분에 맞으면 왼쪽으로 회전한다.

그래서 최근에는 무게중심을 낮추기 위해 헤드의 아랫부분 또는 솔 부분에 추를 박아 넣는다(사진). 그림 5는 텅스텐 니켈 웨이트를 단 예를 보여준다. 헤드의 윗부분, 즉 크라운 부분을 얇게 만들어 상대적으로 무게중심을 낮추는 방법도 있다. 반대로 헤드의 솔 부분을 두껍고 무겁게 만들어 무게중심을 낮추기도 한다. 크라운 부분에 불과 0.5밀리미터의 티탄합금을 사용하고, 솔 부분을 1.5~2밀리미터로 두툼하게 만든 클럽도 있다.

○ 과학적 원리

볼의 무게중심이 스위트 스폿의 아랫부분에 있을 때 왼쪽으로 작용하는 회전모멘트가 발생하는 원리를 '비법의 핵심' 부분에서 모두 설명했다.

> **비법** 정리
>
> 페어웨이에서 볼을 높이 띄우지 못하는 골퍼는 무게중심이 낮은 우드를 사용한다. 그리고 의식적으로 번호가 높은 우드를 사용하는 것이 좋다. 3번 우드로 볼을 띄우지 못하면 과감히 8번 우드로 바꿔 쳐본다.

그림 3 두께가 2센티미터인 스푼(3번 우드)

G : 무게중심

불과 2cm!

아주 얇은 헤드

제5장 클럽의 특성을 살려 치는 비법

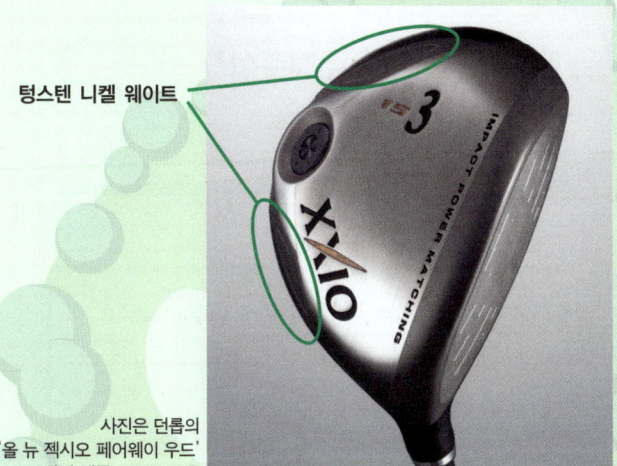

텅스텐 니켈 웨이트

사진은 던롭의
'올 뉴 젝시오 페어웨이 우드'
사진 제공 : SRI스포츠

무게중심을 낮추기 위한 추

그림 4 얇은 우드의 단점

헤드가 볼 아래쪽을 파고든다.

그림 5 무게중심을 낮추는 여러 가지 방법

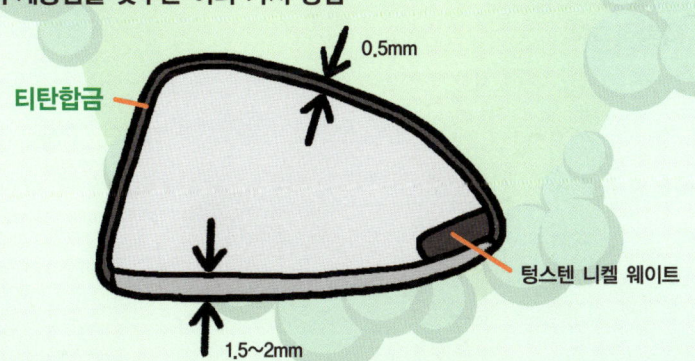

티탄합금

0.5mm

1.5~2mm

텅스텐 니켈 웨이트

195

5-5 무게중심 거리, 무게중심각, 페이스 프로그레션

비법의 핵심

무게중심 거리가 길수록 볼의 속도는 빨라지고, 클럽을 휘두르기는 어려워진다. 무게중심각은 무게중심 심도에 따라 결정되므로, 클럽 제조사에서 명시한 무게중심각은 불필요한 수치이다. 페이스 프로그레션 face progression이 작을수록 스위트 스폿에 볼이 맞을 가능성이 커진다.

● 비법 공개

무게중심 거리란 그림 1처럼 샤프트축의 연장선과 무게중심 사이의 거리를 말한다. 무게중심 거리가 길수록 스위트 스폿에 볼이 맞는 순간의 속도가 증가한다. 그러나 무게중심 거리가 길면 샤프트축 주위의 관성모멘트가 커지고, 헤드 회전이 부드럽지 못하여 슬라이스가 나기 쉽다.

'페이스 프로그레션'이란 페이스가 샤프트축에서 앞으로 튀어나온 정도를 가리키는 수치이다(그림 2). 페이스 프로그레션이 작을수록 페이스가 샤프트와 연동하여 움직이는 경향이 커지기 때문에 스위트 스폿에 볼이 맞을 가능성도 커진다.

● 과학적 원리

헤드는 임팩트 전에 샤프트축 주위를 회전한다(그림 3). 이 회전 속도(각속도)가 클수록 임팩트할 때 스위트 스폿의 운동속도가 커진다. 무게중심 거리를 h라고 하고, 샤프트축 주위의 회전각속도를 ω라고 했을 때, 볼이 닿기 직전의 스위트 스폿의 속도 v는 다음과 같다.

제5장 클럽의 특성을 살려 치는 비법

그림 1 무게중심 거리

그림 2 페이스 프로그레션

$v = V + h\omega$
스위트 스폿의 속도 = 헤드 전체의 속도 + 무게중심 거리 × 회전각속도

여기에서 V는 헤드 전체의 속도(병진운동)이다. 이 식에서 무게중심 거리 h가 길수록 임팩트 속도가 커진다는 것을 알 수 있다.

무게중심각은 그림 4처럼 샤프트축을 수평으로 놓았을 때 헤드가 자연스럽게 기우는 각을 가리킨다. 그림 4처럼 무게중심 G는 항상 수평인 샤프트축의 바로 아래에 위치한다. 이때 수평선에서 페이스각을 잰 수치를 θ라고 하면 다음과 같은 식을 세울 수 있다.

$\sin(90° - \theta)$ = 무게중심 심도/무게중심 거리

따라서 제조사가 무게중심 심도와 무게중심 거리를 명시했다면, 굳이 무게중심각을 별도로 표시해줄 필요는 없다. 무게중심 심도가 깊을수록 미스 샷이 줄어든다(스위트 에어리어가 크기 때문).

비법 정리

아마추어 골퍼에게는 무게중심 거리가 비교적 길고 페이스 프로그레션이 짧은 클럽이 좋다. 제조사에서 명시한 무게중심각의 수치는 무시해도 좋지만, 무게중심 심도는 깊은 클럽을 선택한다.

그림 3 무게중심 거리 h가 크면 임팩트 속도도 커진다

제5장 클럽의 특성을 살려 치는 비법

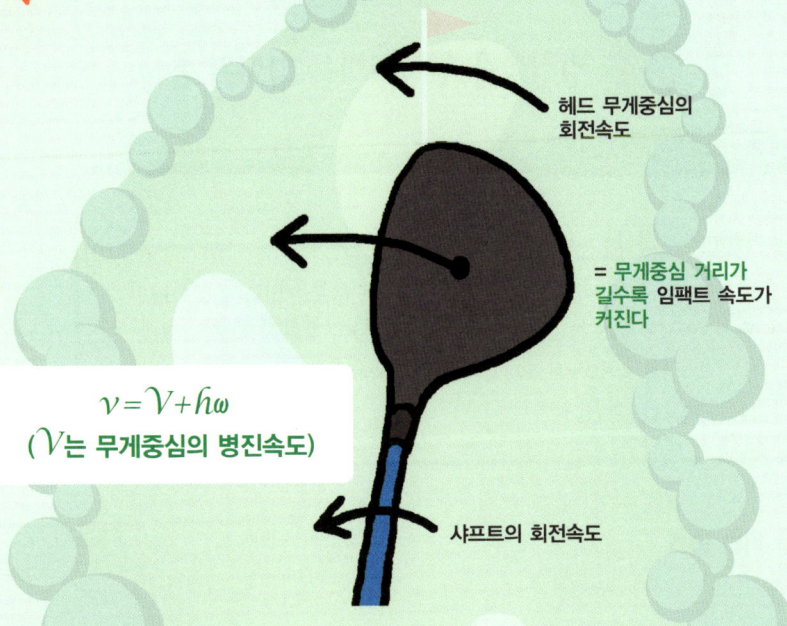

헤드 무게중심의 회전속도

= 무게중심 거리가 길수록 임팩트 속도가 커진다

$v = V + h\omega$
(V는 무게중심의 병진속도)

샤프트의 회전속도

그림 4 무게중심 G는 수평인 샤프트축의 바로 아래에 위치한다

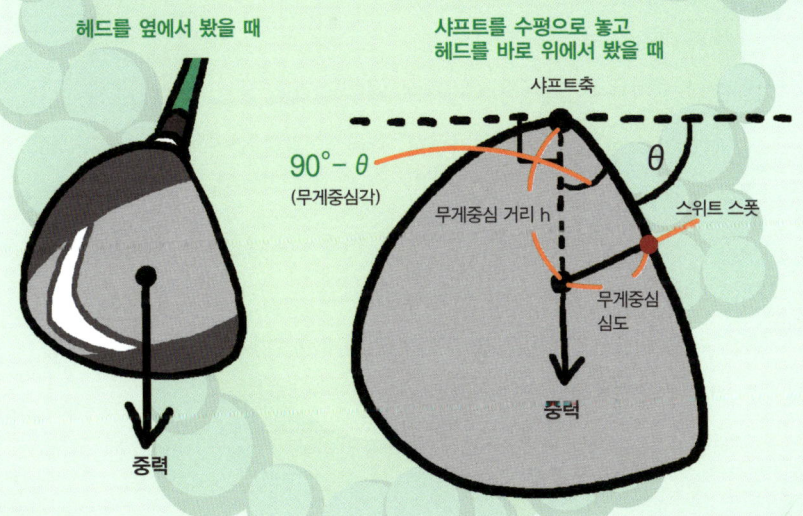

헤드를 옆에서 봤을 때

샤프트를 수평으로 놓고 헤드를 바로 위에서 봤을 때

샤프트축

$90° - \theta$
(무게중심각)

무게중심 거리 h

스위트 스폿

무게중심 심도

중력

중력

$sin(90° - \theta)$ = 무게중심 심도/무게중심 거리

5-6 방향성을 안정시키는 벌지와 롤

비법의 핵심

벌지bulge와 롤roll은 페이스에서 볼록 튀어나온 부분을 말하며, 볼록할수록 더 안정된 궤도를 만들어낸다. 벌지와 롤이 볼록한 정도는 'R12, R13'과 같은 방법으로 표시하는데, 이 수치가 작을수록 벌지와 롤이 볼록한 정도는 커진다.

🏌 비법 공개

벌지는 토와 힐 쪽으로 볼록한 부분을 말한다(그림 1). 벌지 덕분에 임팩트할 때의 힘(항력)이 무게중심에 가까워진다. 벌지가 있을 때와 없을 때, 항력과 무게중심의 관계를 그림 2에 나타냈다(1-6도 참조). 벌지가 있으면 스위트 스폿에서 벗어나 임팩트됐을 때 힘의 모멘트(클럽 헤드를 회전시키는 힘)가 줄어든다. 따라서 헤드의 회전이 적어지고 볼의 방향이 흔들리는 것을 방지한다.

또 벌지 덕분에 그림 3처럼 항력의 방향이 헤드 궤도 방향에서 벗어나고, 볼에는 그만큼 스핀이 증가한다. 그리고 '왼손 법칙'에 따라 볼은 비구선 방향으로 돌아온다.

롤은 페이스에서 위아래로 볼록한 부분을 말한다(그림 4). 롤의 역할은 벌지와 비슷하여 볼의 상하 궤도를 안정시키는 구실을 한다. 그림 4처럼 볼의 궤도가 일찌감치 낙하하는 현상을 방지하며, 롤이 볼록할수록 더 좋은 궤도를 유지하게 해준다.

'R12'라는 표시는 볼록한 부분의 곡률반지름이 그림 1처럼 12인치임을

제5장 클럽의 특성을 살려 치는 비법

그림 1 벌지

토
불룩한 면
힐

불룩한 면의 곡률반지름 12인치 = R12

불룩한 면을 원의 일부라고 생각했을 때, 그 반지름을 나타낸다.

그림 2 벌지가 있을 때와 없을 때의 차이

항력

페이스에 벌지가 있으면, 항력 방향으로 그은 연장선과 무게중심 사이의 거리가 짧다.

$r < r'$

페이스에 벌지가 없으면, 항력 방향으로 그은 연장선과 무게중심 사이의 거리가 길다.

의미한다.

🌕 과학적 원리

그림 2처럼 페이스가 평면인 경우와 불룩한 면일 경우를 비교해보겠다. 임팩트할 때 작용하는 항력 $\mathcal{F}$는 항상 페이스면에 수직이다. 그러므로 그림 2처럼 항력 방향으로 그은 연장선과 무게중심 사이의 거리 r은 불룩한 면일 때 더 짧다. 무게중심 주위에 발생하는 항력의 모멘트 $\mathcal{N}$은 다음과 같다.

$\mathcal{N} = r \times \mathcal{F}$
항력의 모멘트 = 항력 방향으로 그은 연장선과 무게중심 사이의 거리 × 항력

따라서 임팩트 시간을 Δt라고 했을 때 무게중심 주위에서 발생하는 헤드의 회전각속도 변화량 $\Delta \omega$는 다음과 같다.

$\Delta \omega = \mathcal{N} \Delta t / I = r \times \mathcal{F} \Delta t / I$
헤드의 회전각속도 변화량 = 항력의 모멘트 × 임팩트 시간/관성모멘트
= 항력 방향으로 그은 연장선과 무게중심 사이의 거리 × 항력 × 임팩트 시간/관성모멘트

이 식에서 헤드의 회전각은 r에 비례한다는 사실을 알 수 있다. 다시 말해 페이스면이 불룩한 정도가 클수록 헤드가 덜 흔들린다는 의미이다.

게다가 불룩한 면 덕분에 임팩트할 때 스핀도 더 많이 발생한다. 볼이

페이스에서 미끄러질 때 스핀이 발생하는데, 볼이 미끄러지는 이유는 항력의 방향과 스윙 궤도가 일치하지 않기 때문이다. 벌지가 있는 클럽으로 스윙했을 때 스윙 궤도가 비구선 방향이라고 하면, 항력 방향은 벌지 때문에 비구선 방향에서 멀어진다. 따라서 벌지의 볼록한 면이 스핀을 더 많이 발생시키는 구실을 한다.

> **비법 정리**
>
> 방향성이 불안정하여 슬라이스나 훅을 자주 낸다면 벌지 수치가 작은 클럽을 사용해보라. 처음에는 R12, R11 정도의 클럽을 사용한다.

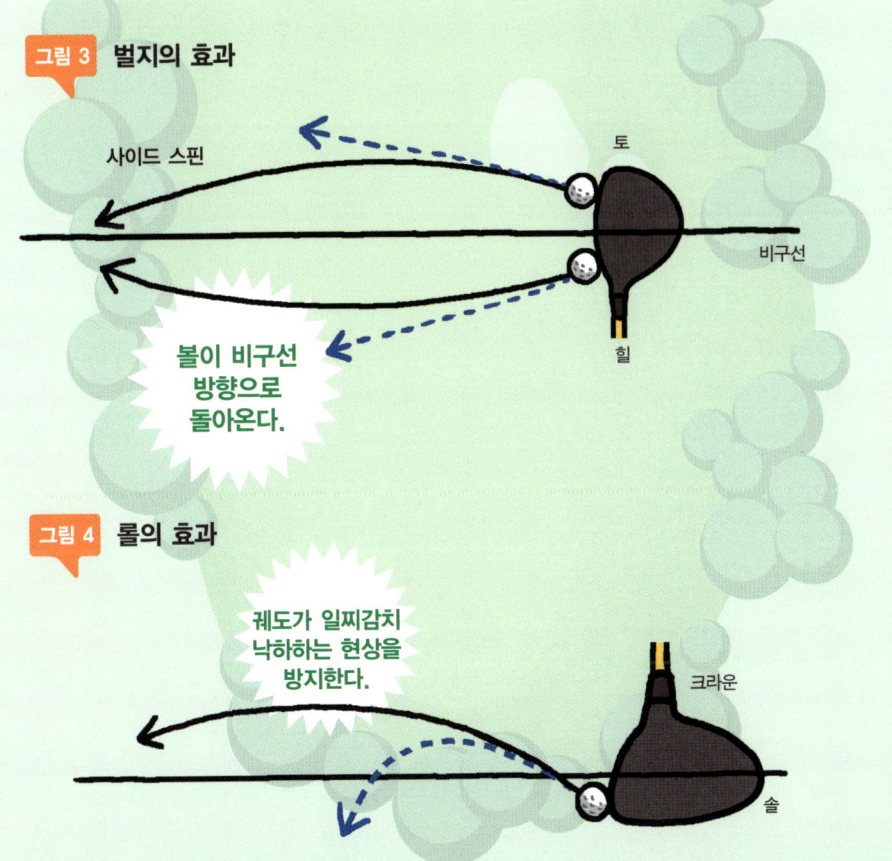

그림 3 벌지의 효과

그림 4 롤의 효과

저자 **오츠키 요시히코** 大槻義彦

1936년생. 와세다대학교 명예교수. 도쿄교육대학교 물리학과를 졸업하고, 도쿄대학교 대학원 수학물리계 연구과 수료했다. 일본의 유명한 물리학자로 방송가에도 알려진 오츠키 교수는 60세의 나이부터 골프를 시작, 수많은 시행착오를 거듭하였으나 물리학자 특유의 관점으로 초보자가 골프의 원리를 스스로 체득하여 과학적으로 골프를 플레이할 수 있는 방법을 연구하고 있다. 골프관련 저서로는 《골프 달인으로 만들어주는 과학》(고단샤), 《잘 듣는 골프채 고르는 방법》(골프다이제스트사), 《프로가 쓰는 골프공은 왜 무거운가?》(골프다이제스트사), 《오츠키 교수의 완전 초보를 위한 골프 교실》(NHK출판) 등이 있다.

역자 **이용택**

한국외국어대학교 일문과 졸업. 출판사에서 다년간 기획, 번역 및 편집 업무를 담당했으며 현재는 번역 에이전시 엔터스코리아 일본어 전문 번역가로 활동 중이다. 역서로는 《포트레이트 스타일》 외 다수가 있다.

프로골퍼도 몰래 보는 골프책

1판 10쇄 인쇄 2025년 7월 10일
1판 1쇄 발행 2015년 6월 30일

저자	오츠키 요시히코
역자	이용택
출력인쇄	신화프린팅
발행인	손호성
펴낸곳	봄봄스쿨

등록	제 2023-000128호
주소	서울특별시 종로구 사직로8길34 경희궁의 아침 3단지1309호
전화	070.7535.2958
팩스	0505.220.2958
e-mail	atmark@argo9.com
Home page	http://www.argo9.com
ISBN	979-11-85423-71-5 13690

※ 값은 책표지에 표시되어 있습니다.